DALL'OSCURITÀ AL DOMINIO: 40 giorni per liberarsi dalla morsa nascosta dell'oscurità

Un devozionale globale di consapevolezza, liberazione e potere

Per individui, famiglie e nazioni pronte a essere libere

Di

Zacharias Godseagle; Ambassador Monday O. Ogbe and Comfort Ladi Ogbe

Sommario

Informazioni sul libro – DALL'OSCURITÀ AL DOMINIO 1
Testo della quarta di copertina 4
Promozione multimediale di un paragrafo (stampa/e-mail/annuncio pubblicitario) 5
    Dedizione 7
    Ringraziamenti 8
    Al lettore 10
    Come usare questo libro 12
    Prefazione 15
    Prefazione 17
    Introduzione 19
    CAPITOLO 1: ORIGINI DEL REGNO OSCURO 22
    CAPITOLO 2: COME OPERA OGGI IL REGNO OSCURO 25
    CAPITOLO 3: PUNTI DI INGRESSO – COME LE PERSONE SI INNAMORANO 28
    CAPITOLO 4: MANIFESTAZIONI – DALLA POSSESSIONI ALL'OSSESSIONE 30
    CAPITOLO 5: IL POTERE DELLA PAROLA – L'AUTORITÀ DEI CREDENTI 32
    GIORNO 1: LINEE DI SANGUE E CANCELLI — SPEZZARE LE CATENE FAMILIARI 35
    GIORNO 2: INVASIONI DA SOGNO — QUANDO LA NOTTE DIVENTA UN CAMPO DI BATTAGLIA 38
    GIORNO 3: SPOSI SPIRITUALI — UNIONI IMPARATE CHE LEGANO I DESTINI 41
    GIORNO 4: OGGETTI MALEDETTI – PORTE CHE PROFUMANO 44
    GIORNO 5: AFFASCINATI E INGANNATI — LIBERARSI DALLO SPIRITO DELLA DIVINAZIONE 47
    GIORNO 6: LE PORTE DELL'OCCHIO - CHIUDERE I PORTALI DELL'OSCURITÀ 50
    GIORNO 7: IL POTERE DIETRO I NOMI — RINUNCIARE A IDENTITÀ PROFANE 53

GIORNO 8: SMASCHERARE LA FALSA LUCE — TRAPPOLE NEW AGE E INGANNI ANGELICI 56

GIORNO 9: L'ALTARE DEL SANGUE — PATTI CHE RICHIEDONO UNA VITA 59

GIORNO 10: STERILITÀ E SPEZZATURA — QUANDO L'UTERO DIVENTA UN CAMPO DI BATTAGLIA 62

GIORNO 11: MALATTIE AUTOIMMUNI E STANCHEZZA CRONICA: LA GUERRA INVISIBILE INTERIORE 65

GIORNO 12: EPILESSIA E TORMENTO MENTALE — QUANDO LA MENTE DIVENTA UN CAMPO DI BATTAGLIA 68

GIORNO 13: SPIRITO DELLA PAURA — ROMPERE LA GABBIA DEL TORMENTO INVISIBILE 71

GIORNO 14: SEGNI SATANICI — CANCELLARE IL MARCHIO EMPIO 74

GIORNO 15: IL REGNO DELLO SPECCHIO — FUGGIRE DALLA PRIGIONE DEI RIFLESSI 77

GIORNO 16: SPEZZARE IL LEGAME DELLE MALEDIZIONI DELLE PAROLE — RIPRENDERSI IL PROPRIO NOME, IL PROPRIO FUTURO 81

GIORNO 17: LIBERAZIONE DAL CONTROLLO E DALLA MANIPOLAZIONE 84

GIORNO 18: SPEZZARE IL POTERE DEL NON PERDONO E DELL'AMAREZZA 87

GIORNO 19: GUARIGIONE DALLA VERGOGNA E DALLA CONDANNA 90

GIORNO 20: STREGONERIA DOMESTICA — QUANDO L'OSCURITÀ VIVE SOTTO LO STESSO TETTO 93

GIORNO 21: LO SPIRITO DI JEZEBEL — SEDUZIONE, CONTROLLO E MANIPOLAZIONE RELIGIOSA 97

GIORNO 22: PITONI E PREGHIERE — SPEZZARE LO SPIRITO DI COSTRETTIVITÀ 101

GIORNO 23: TRONI DI INIQUITÀ — ABBATTIMENTO DELLE ROCCAFORTI TERRITORIALI 104

GIORNO 24: FRAMMENTI DELL'ANIMA — QUANDO PARTI DI TE SONO MANCANTI 107

GIORNO 25: LA MALEDIZIONE DEI BAMBINI STRANI — QUANDO I DESTINI SI SCAMBIANO ALLA NASCITA 110

GIORNO 26: ALTARI NASCOSTI DEL POTERE — LIBERARSI DAI PATTI OCCULTI DELL'ÉLITE 114

GIORNO 27: ALLEANZE PROFANE — MASSONERIA, ILLUMINATI E INFILTRAZIONE SPIRITUALE 117

GIORNO 28: KABBALAH, GRIGLIE ENERGETICHE E IL FASCINO DELLA "LUCE" MISTICA 121

GIORNO 29: IL VELO DEGLI ILLUMINATI — SMASCHERARE LE RETI OCCULTE D'ÉLITE 124

GIORNO 30: LE SCUOLE DEL MISTERO — ANTICHI SEGRETI, SCHIAVITÙ MODERNA 127

GIORNO 31: KABBALAH, GEOMETRIA SACRA E INGANNO DELLA LUCE D'ÉLITE 131

GIORNO 3 2: LO SPIRITO SERPENTE INTERIORE — QUANDO LA LIBERAZIONE ARRIVA TROPPO TARDI 135

GIORNO 33: LO SPIRITO SERPENTE INTERIORE — QUANDO LA LIBERAZIONE ARRIVA TROPPO TARDI 139

GIORNO 34: MASSONI, CODICI E MALEDIZIONI — Quando la fratellanza diventa schiavitù 143

GIORNO 35: STREGHE TRA I BANCHI — QUANDO IL MALE ENTRA DALLE PORTE DELLA CHIESA 147

GIORNO 36: INCANTESIMI CODIFICATI — QUANDO CANZONI, MODA E FILM DIVENTANO PORTALI 151

GIORNO 37: GLI ALTARI INVISIBILI DEL POTERE — MASSONI, KABBALAH ED ÉLITÀ OCCULTE 155

GIORNO 38: PATTI DELL'UTERINO E REGNI D'ACQUA — QUANDO IL DESTINO VIENE CONTAMINATO PRIMA DELLA NASCITA 159

GIORNO 39: BATTEZZATI DALL'ACQUA NELLA SCHIAVITÙ — COME I BAMBINI, LE INIZIALI E LE PALLE INVISIBILI APRONO LE PORTE 163

GIORNO 40: DA CONSEGNATO A LIBERATORE — IL TUO DOLORE È LA TUA ORDINAZIONE 167

DICHIARAZIONE QUOTIDIANA A 360° DI LIBERAZIONE E DOMINIO – Parte 1 170
DICHIARAZIONE QUOTIDIANA A 360° DI LIBERAZIONE E DOMINIO – Parte 2 172
DICHIARAZIONE QUOTIDIANA A 360° DI LIBERAZIONE E DOMINIO - Parte 3 176
CONCLUSIONE: DALLA SOPRAVVIVENZA ALLA FIGLIOLANZA — RESTARE LIBERI, VIVERE LIBERI, LIBERARE GLI ALTRI 180
    Come rinascere e iniziare una nuova vita con Cristo 183
    Il mio momento di salvezza 185
    Certificato di Nuova Vita in Cristo 186
    CONTATTACI CON GOD'S EAGLE MINISTRIES 187
    LIBRI E RISORSE CONSIGLIATI 189
    APPENDICE 1: Preghiera per discernere la stregoneria nascosta, le pratiche occulte o gli altari strani nella chiesa 203
    APPENDICE 2: Protocollo di rinuncia e purificazione dei media 204
    APPENDICE 3: Massoneria, Kabbalah, Kundalini, Stregoneria, Testo di rinuncia occulta 205
    APPENDICE 4: Guida all'attivazione dell'olio per l'unzione 206
    APPENDICE 6: Risorse video con testimonianze per la crescita spirituale 208
    AVVERTENZA FINALE: Non puoi giocare con questo 209

Pagina del copyright

DALL'OSCURITÀ AL DOMINIO: 40 giorni per liberarsi dalla morsa nascosta dell'oscurità - Un devozionale globale di consapevolezza, liberazione e potere

di Zacharias Godseagle , Comfort Ladi Ogbe e ambasciatore lunedì O. Ogbe

Copyright © 2025 di **Zacharias Godseagle e God's Eagle Ministrie** s – GEM

Tutti i diritti riservati.

Nessuna parte di questa pubblicazione può essere riprodotta, archiviata in un sistema di recupero o trasmessa in alcuna forma o con alcun mezzo (elettronico, meccanico, fotocopia, registrazione, scansione o altro) senza la previa autorizzazione scritta degli editori, fatta eccezione per brevi citazioni inserite in articoli critici o recensioni.

Questo libro è un'opera di saggistica e narrativa devozionale. Alcuni nomi e dati identificativi sono stati modificati, ove necessario, per motivi di privacy.

Le citazioni bibliche sono tratte da:

- *New Living Translation (NLT)* , © 1996, 2004, 2015 della Tyndale House Foundation. Utilizzato con autorizzazione. Tutti i diritti riservati.

Copertina progettata da GEM TEAM
Disposizione degli interni a cura di GEM TEAM
Pubblicato da:
Zacharias Godseagle & God's Eagle Ministries – GEM
www.otakada.org [1] | ambassador@otakada.org
Prima edizione, 2025
Stampato negli Stati Uniti d'America

---

1. http://www.otakada.org

Informazioni sul libro – DALL'OSCURITÀ AL DOMINIO

DALL'OSCURITÀ AL DOMINIO: 40 giorni per liberarsi dalla morsa nascosta dell'oscurità - *Un devozionale globale di consapevolezza, liberazione e potere - Per individui, famiglie e nazioni pronte a essere libere* non è solo un incontro devozionale: è un incontro di liberazione globale di 40 giorni per **presidenti, primi ministri, pastori, operatori della Chiesa, amministratori delegati, genitori, adolescenti e ogni credente** che si rifiuta di vivere in una silenziosa sconfitta.

Questo potente libro devozionale di 40 giorni affronta *la guerra spirituale, la liberazione dagli altari degli antenati, la rottura dei legami dell'anima, la divulgazione dell'occulto e le testimonianze globali di ex streghe, ex satanisti* e di coloro che hanno sconfitto i poteri dell'oscurità.

Che tu stia **guidando un paese**, **pascendo una chiesa**, **gestendo un'azienda** o **lottando per la tua famiglia nella stanzetta della preghiera**, questo libro svelerà ciò che è stato nascosto, affronterà ciò che è stato ignorato e ti darà la forza di liberarti.

Un devozionale globale di 40 giorni di consapevolezza, liberazione e potere

All'interno di queste pagine, ti troverai di fronte a:

- Maledizioni della stirpe e patti ancestrali
- Coniugi spirituali, spiriti marini e manipolazione astrale
- Massoneria, Kabbalah, risvegli kundalini e altari della stregoneria
- Dedicazioni infantili, iniziazioni prenatali e portatori demoniaci
- Infiltrazione mediatica, trauma sessuale e frammentazione dell'anima
- Società segrete, intelligenza artificiale demoniaca e falsi movimenti di risveglio

Ogni giorno include:
- *Una storia vera o un modello globale*
- *Intuizioni basate sulle Scritture*
- *Applicazioni di gruppo e personali*
- *Preghiera di liberazione + diario di riflessione*

Questo libro è per te se:

- Un **presidente o un politico** che cerca chiarezza spirituale e protezione per la propria nazione
- Un **pastore, un intercessore o un lavoratore della chiesa** che combatte contro forze invisibili che resistono alla crescita e alla purezza
- Un **CEO o un leader aziendale** che affronta una guerra e un sabotaggio inspiegabili
- Un **adolescente o uno studente** tormentato da sogni, tormenti o strani eventi
- Un **genitore o un tutore** che nota modelli spirituali nella tua linea di sangue
- Un **leader cristiano** stanco di infiniti cicli di preghiera senza alcuna svolta
- O semplicemente un **credente pronto a passare dalla sopravvivenza al dominio vittorioso**

Perché questo libro?

Perché in un'epoca in cui l'oscurità indossa la maschera della luce, **la liberazione non è più facoltativa**.

E **il potere appartiene a chi è informato, a chi è equipaggiato e a chi si arrende**.

Scritto da Zacharias Godseagle, Ambasciatore Monday O. Ogbe e Comfort Ladi Ogbe, questo è più di un semplice insegnamento: è un **appello globale** alla Chiesa, alla famiglia e alle nazioni affinché si ribellino e reagiscano, non con paura, ma con **saggezza e autorità**.

Non puoi discepolare ciò che non hai trasmesso. E non puoi camminare nel dominio finché non ti liberi dalla morsa dell'oscurità.

Spezza i cicli. Affronta ciò che è nascosto. Riprenditi il tuo destino, un giorno alla volta.

Testo della quarta di copertina

DALL'OSCURITÀ AL DOMINIO
40 giorni per liberarsi dalla morsa nascosta dell'oscurità
Un devozionale globale di consapevolezza, liberazione e potere

Sei un **presidente**, un **pastore**, un **genitore** o un **credente che prega**, desideroso disperatamente di una libertà duratura e di una svolta?

Questo non è solo un libro devozionale. È un viaggio globale di 40 giorni attraverso i campi di battaglia invisibili di **patti ancestrali, schiavitù occulta, spiriti marini, frammentazione dell'anima, infiltrazione mediatica e altro ancora**. Ogni giorno rivela testimonianze reali, manifestazioni globali e strategie di liberazione praticabili.

Scoprirai:

- Come si aprono le porte spirituali e come chiuderle
- Le radici nascoste del ritardo ripetuto, del tormento e della schiavitù
- Potenti preghiere quotidiane, riflessioni e applicazioni di gruppo
- Come raggiungere **il dominio**, non solo la liberazione

Dagli **altari della stregoneria** in Africa agli **inganni New Age** nel Nord America... dalle **società segrete** in Europa ai **patti di sangue** in America Latina: **questo libro svela tutto**.

DARKNESS TO DOMINION è la tua mappa stradale verso la libertà, scritta per **pastori, leader, famiglie, adolescenti, professionisti, CEO** e chiunque sia stanco di pedalare attraverso la guerra senza vincere.

"Non puoi discepolare ciò che non hai trasmesso. E non puoi camminare nel dominio finché non ti liberi dalla morsa dell'oscurità."

Promozione multimediale di un paragrafo (stampa/e-mail/annuncio pubblicitario)

"**DARKNESS TO DOMINION: 40 Days to Break Free from the Hidden Grip of Darkness**" è un libro devozionale globale che svela come il nemico si infiltra nelle vite, nelle famiglie e nelle nazioni attraverso altari, linee di sangue, società segrete, rituali occulti e compromessi quotidiani. Con storie provenienti da ogni continente e strategie di liberazione collaudate in battaglia, questo libro è per presidenti e pastori, amministratori delegati e adolescenti, casalinghe e guerrieri spirituali: chiunque desideri disperatamente una libertà duratura. Non è solo per leggere, è per spezzare le catene.

Tag suggeriti

- devozionale di liberazione
- guerra spirituale
- testimonianze ex occulte
- preghiera e digiuno
- rompere le maledizioni generazionali
- libertà dall'oscurità
- autorità spirituale cristiana
- spiriti marini
- inganno della kundalini
- società segrete smascherate
- liberazione in 40 giorni

 # Hashtag per le campagne
#DarknessToDominion
#DevozionaleLiberazione
#RompiLeCatene

#LibertàAttraversoCristo
#RisveglioGlobale
#BattaglieNascosteSvelate
#PregaPerLiberarsi
#LibroGuerraSpirituale
#Dall'OscuritàallaLuce
#AutoritàdelRegno
#NoMoreBondage
#ExTestimonianzeOcculte
#AvvertimentoKundalini
#SpiritiMariniEsposti
#40GiorniDiLibertà

Dedizione

A Colui che ci ha chiamati fuori dalle tenebre alla sua meravigliosa luce: **Gesù Cristo**, nostro Liberatore, Portatore di Luce e Re della Gloria.

Per ogni anima che grida in silenzio, intrappolata da catene invisibili, perseguitata dai sogni, tormentata dalle voci e che combatte contro l'oscurità in luoghi dove nessuno vede, questo viaggio è per te.

Ai **pastori**, **agli intercessori** e **alle sentinelle sulle mura**,

alle **madri** che pregano tutta la notte e ai **padri** che si rifiutano di arrendersi,

al **ragazzo** che vede troppo e alla **bambina** segnata dal male troppo presto,

agli **amministratori delegati**, ai **presidenti** e ai **decisori** che portano pesi invisibili dietro il potere pubblico,

al **lavoratore della chiesa** che lotta contro una schiavitù segreta e al **guerriero spirituale** che osa reagire:

questa è la vostra chiamata a sorgere.

E a tutti coloro che hanno coraggiosamente condiviso le loro storie: grazie. Le vostre cicatrici ora liberano altri.

Possa questo testo devozionale illuminare un cammino attraverso le ombre e condurre molti al dominio, alla guarigione e al fuoco sacro.

Non sei dimenticato. Non sei impotente. Sei nato per la libertà.

— *Zacharias Godseagle, Ambasciatore Monday O. Ogbe e Comfort Ladi Ogbe*

Ringraziamenti

Innanzitutto, riconosciamo **Dio Onnipotente – Padre, Figlio e Spirito Santo**, l'Autore della Luce e della Verità, che ci ha aperto gli occhi sulle battaglie invisibili dietro porte chiuse, veli, pulpiti e piattaforme. A Gesù Cristo, nostro Liberatore e Re, diamo tutta la gloria.

Agli uomini e alle donne coraggiosi di tutto il mondo che hanno condiviso le loro storie di tormento, trionfo e trasformazione: il vostro coraggio ha acceso un'ondata globale di libertà. Grazie per aver rotto il silenzio.

Ai ministeri e alle sentinelle sulle mura che hanno lavorato in luoghi nascosti – insegnando, intercedendo, liberando e discernendo – rendiamo omaggio alla vostra perseveranza. La vostra obbedienza continua ad abbattere fortezze e a smascherare inganni ai piani alti.

Alle nostre famiglie, ai nostri compagni di preghiera e ai team di supporto che ci sono stati accanto mentre scavavamo tra le macerie spirituali per scoprire la verità: grazie per la vostra fede incrollabile e la vostra pazienza.

Ai ricercatori, alle testimonianze su YouTube, ai whistleblower e ai guerrieri del regno che denunciano l'oscurità attraverso le loro piattaforme: la vostra audacia ha alimentato questo lavoro con intuizione, rivelazione e urgenza.

Al **Corpo di Cristo**: questo libro è anche vostro. Possa risvegliare in voi la santa determinazione di essere vigili, perspicaci e impavidi. Non scriviamo come esperti, ma come testimoni. Non ci presentiamo come giudici, ma come redenti.

E infine, ai **lettori di questo libro di devozione** – cercatori, guerrieri, pastori, ministri della liberazione, sopravvissuti e amanti della verità di ogni nazione – possa ogni pagina darvi la forza di muovervi **da oscurità al dominio**.

— Zacharias Godseagle
— Ambasciatore Monday O. Ogbe

— **Comfort Ladi Ogbe**

Al lettore

Questo non è solo un libro. È una chiamata.

Un invito a svelare ciò che è rimasto a lungo nascosto, a confrontarsi con le forze invisibili che plasmano generazioni, sistemi e anime. Che tu sia un **giovane ricercatore**, un **pastore stremato da battaglie innominabili**, un **leader aziendale alle prese con incubi notturni** o un **capo di stato alle prese con un'incessante oscurità nazionale**, questo libro di devozione è la tua **guida per uscire dall'ombra**.

All'individuo : non sei pazzo. Ciò che percepisci – nei tuoi sogni, nella tua atmosfera, nella tua linea di sangue – potrebbe davvero essere spirituale. Dio non è solo un guaritore; è un liberatore .

Alla **famiglia** : questo viaggio di 40 giorni ti aiuterà a identificare i modelli che da tempo tormentano la tua stirpe (dipendenze, morti premature, divorzi, sterilità, tormenti mentali, povertà improvvisa) e ti fornirà gli strumenti per interromperli.

Ai **leader e ai pastori della Chiesa** : possa questo risvegliare un discernimento più profondo e il coraggio di affrontare il regno spirituale dal pulpito, non solo dal podio. La liberazione non è facoltativa. Fa parte del Grande Mandato.

A **CEO, imprenditori e professionisti** : i patti spirituali operano anche nelle sale riunioni. Dedicate la vostra attività a Dio. Abbattete gli altari ancestrali camuffati da fortuna negli affari, patti di sangue o favori massonici. Costruite con mani pulite.

Alle **sentinelle e agli intercessori** : la vostra vigilanza non è stata vana. Questa risorsa è un'arma nelle vostre mani, per la vostra città, la vostra regione, la vostra nazione.

Ai **Presidenti e ai Primi Ministri** , se mai questo messaggio dovesse arrivare sulla vostra scrivania: le nazioni non sono governate solo dalle politiche. Sono governate dagli altari, eretti in segreto o pubblicamente. Finché non verranno affrontate le fondamenta nascoste, la pace rimarrà sfuggente. Possa questo messaggio devozionale stimolarvi verso una riforma generazionale.

Al **giovane uomo o donna** che sta leggendo questo in un momento di disperazione: Dio ti vede. Ti ha scelto. E ti sta tirando fuori – per sempre.

Questo è il tuo viaggio. Un giorno alla volta. Una catena alla volta.

Da Darkness a Dominion: è il tuo momento.

Come usare questo libro

DALL'OSCURITÀ AL DOMINIO: 40 giorni per liberarsi dalla morsa nascosta dell'oscurità è più di un libro di devozione: è un manuale di liberazione, una disintossicazione spirituale e un campo di addestramento alla guerra. Che tu lo legga da solo, in gruppo, in chiesa o come leader che guida gli altri, ecco come ottenere il massimo da questo potente viaggio di 40 giorni:

Ritmo quotidiano

Ogni giorno segue una struttura coerente per aiutarti a coinvolgere spirito, anima e corpo:

- **Insegnamento devozionale principale** : un tema rivelatore che svela l'oscurità nascosta.
- **Contesto globale** : come questa roccaforte si manifesta nel mondo.
- **Storie vere** : veri incontri di liberazione da culture diverse.
- **Piano d'azione** : esercizi spirituali personali, rinunce o dichiarazioni.
- **Applicazione di gruppo** : per l'uso in piccoli gruppi, famiglie, chiese o team di liberazione.
- **Intuizione chiave** : un riassunto da ricordare e su cui pregare.
- **Diario di riflessione** : domande del cuore per elaborare profondamente ogni verità.
- **Preghiera di liberazione** : preghiera mirata alla guerra spirituale per abbattere le roccaforti.

Cosa ti servirà

- La tua **Bibbia**
- Un **diario o un quaderno dedicato**

- **Olio per l'unzione** (facoltativo ma potente durante le preghiere)
- Disponibilità a **digiunare e pregare** secondo la guida dello Spirito
- **Partner responsabile o gruppo di preghiera** per casi più gravi

Come utilizzarlo con gruppi o chiese

- Incontrarsi **quotidianamente o settimanalmente** per discutere di approfondimenti e guidare insieme le preghiere.
- Incoraggiare i membri a compilare il **Diario di riflessione** prima delle sessioni di gruppo.
- Utilizza la sezione **Applicazione di gruppo** per stimolare discussioni, confessioni o momenti di liberazione aziendale.
- Designare leader qualificati per gestire le manifestazioni più intense.

Per pastori, leader e ministri della liberazione

- Insegnare gli argomenti quotidiani dal pulpito o nelle scuole di formazione alla liberazione.
- Fornisci al tuo team gli strumenti per utilizzare questo libro di devozione come guida di consulenza.
- Personalizza le sezioni in base alle tue esigenze per la mappatura spirituale, gli incontri di risveglio o le campagne di preghiera in città.

Appendici da esplorare

Alla fine del libro troverai delle risorse bonus molto utili, tra cui:

1. **Dichiarazione quotidiana di liberazione totale** : recitala ad alta voce ogni mattina e ogni sera.
2. **Guida alla rinuncia ai media** : disintossica la tua vita dalla contaminazione spirituale dell'intrattenimento.
3. **Preghiera per discernere gli altari nascosti nelle chiese** – Per intercessori e operatori ecclesiastici.
4. **Massoneria, Kabbalah, Kundalini e Occulto** – Potenti preghiere di pentimento.
5. **Lista di controllo per la liberazione di massa** : da utilizzare durante

crociate, riunioni domestiche o ritiri personali.
6. **Link video delle testimonianze**

Prefazione

C'è una guerra — invisibile, inespressa, ma ferocemente reale — che infuria nelle anime di uomini, donne, bambini, famiglie, comunità e nazioni.

Questo libro non è nato dalla teoria, ma dal fuoco. Da stanze di liberazione piene di lacrime. Da testimonianze sussurrate nell'ombra e gridate dai tetti. Da studi approfonditi, intercessione globale e una santa frustrazione per un cristianesimo superficiale che non riesce ad affrontare le **radici dell'oscurità che** ancora avviluppano i credenti.

Troppe persone sono giunte alla croce ma trascinano ancora catene. Troppi pastori predicano la libertà mentre sono segretamente tormentati dai demoni della lussuria, della paura o dei patti ancestrali. Troppe famiglie sono intrappolate in cicli – di povertà, perversione, dipendenza, sterilità, vergogna – e **non sanno perché** . E troppe chiese evitano di parlare di demoni, stregoneria, altari di sangue o liberazione perché è "troppo intenso".

Ma Gesù non ha evitato l'oscurità: l'ha **affrontata** .

Non ha ignorato i demoni: **li ha scacciati** .

E non è morto solo per perdonarti: è morto per **liberarti** .

Questo devozionale globale di 40 giorni non è uno studio biblico informale. È una **sala operatoria spirituale** . Un diario di libertà. Una mappa per uscire dall'inferno per coloro che si sentono bloccati tra la salvezza e la vera libertà. Che tu sia un adolescente intrappolato nella pornografia, una First Lady tormentata da sogni di serpenti, un Primo Ministro tormentato da sensi di colpa ancestrali, un profeta che nasconde una schiavitù segreta o un bambino che si sveglia da sogni demoniaci, questo viaggio è per te.

Troverete storie da tutto il mondo – Africa, Asia, Europa, Nord e Sud America – che confermano tutte una verità: **il diavolo non ha riguardo per le persone** . Ma nemmeno Dio lo ha. E ciò che ha fatto per gli altri, può farlo anche per te.

Questo libro è scritto per:

- **Individui** che cercano la liberazione personale
- **Famiglie che** necessitano di guarigione generazionale
- **Pastori** e operatori della chiesa che necessitano di equipaggiamento
- **I leader aziendali** affrontano la guerra spirituale in posizioni elevate
- **Nazioni** che invocano a gran voce una vera rinascita
- **Giovani** che hanno aperto porte senza saperlo
- **Ministri della liberazione** che hanno bisogno di struttura e strategia
- E anche **coloro che non credono nei demoni**, finché non leggono la loro storia su queste pagine

Sarai messo alla prova. Sarai sfidato. Ma se rimani sul sentiero, sarai anche **trasformato**.

Non ti limiterai a liberarti.

Camminerai **nel dominio**.

Cominciamo.

— *Zacharias Godseagle*, *Ambasciatore Monday O. Ogbe e Comfort Ladi Ogbe*

Prefazione

C'è un fermento nelle nazioni. Un terremoto nel regno spirituale. Dai pulpiti ai parlamenti, dai salotti alle chiese clandestine, le persone ovunque si stanno risvegliando a una verità agghiacciante: abbiamo sottovalutato la portata del nemico e abbiamo frainteso l'autorità che portiamo in Cristo.

"From Darkness to Dominion" non è solo un libro di devozione; è un appello squillante. Un manuale profetico. Un'ancora di salvezza per chi è tormentato, per chi è incatenato e per il credente sincero che si chiede: "Perché sono ancora in catene?"

Avendo assistito a un risveglio e a una liberazione in diverse nazioni, so in prima persona che la Chiesa non manca di conoscenza: ci mancano **consapevolezza spirituale** , **audacia** e **disciplina** . Quest'opera colma questa lacuna. Intreccia testimonianze globali, verità incisive, azioni concrete e la potenza della croce in un viaggio di 40 giorni che scuoterà le vite dormienti e accenderà il fuoco negli stanchi.

Al pastore che osa affrontare gli altari, al giovane adulto che combatte silenziosamente contro i sogni demoniaci, all'imprenditore invischiato in patti invisibili e al leader che sa che qualcosa *non va spiritualmente* ma non riesce a dargli un nome: questo libro è per voi.

Vi esorto a non leggerlo passivamente. Lasciate che ogni pagina stimoli il vostro spirito. Lasciate che ogni storia generi guerra. Lasciate che ogni dichiarazione alleni la vostra bocca a parlare con il fuoco. E quando avrete attraversato questi 40 giorni, non limitatevi a celebrare la vostra libertà: diventate veicolo della libertà degli altri.

Perché il vero dominio non consiste semplicemente nel fuggire dall'oscurità...

ma nel voltarsi e trascinare gli altri verso la luce.

Nell'autorità e nel potere di Cristo,
Ambasciatore Ogbe

Introduzione

DALL'OSCURITÀ AL DOMINIO: 40 giorni per liberarsi dalla morsa nascosta dell'oscurità non è solo un altro libro di devozione: è un campanello d'allarme globale.

In tutto il mondo, dai villaggi rurali ai palazzi presidenziali, dagli altari delle chiese alle sale riunioni, uomini e donne invocano a gran voce la libertà. Non solo la salvezza. **Liberazione. Chiarezza. Svolta. Completezza. Pace. Potere.**

Ma ecco la verità: non puoi scacciare ciò che tolleri. Non puoi liberarti da ciò che non puoi vedere. Questo libro è la tua luce in quell'oscurità.

Per 40 giorni, camminerai attraverso insegnamenti, storie, testimonianze e azioni strategiche che sveleranno le operazioni nascoste dell'oscurità e ti daranno il potere di superare tutto: spirito, anima e corpo.

Che tu sia un pastore, un amministratore delegato, un missionario, un intercessore, un adolescente, una madre o un capo di stato, il contenuto di questo libro ti metterà alla prova. Non per farti vergognare, ma per liberarti e prepararti a guidare gli altri verso la libertà.

Si tratta di un **incontro devozionale globale di consapevolezza, liberazione e potere**, radicato nelle Scritture, affinato da resoconti di vita reale e intriso del sangue di Gesù.

Come usare questo libro di devozione

1. **Inizia con i 5 capitoli fondamentali**
   . Questi capitoli gettano le basi. Non saltarli. Ti aiuteranno a comprendere l'architettura spirituale dell'oscurità e l'autorità che ti è stata data per elevarti al di sopra di essa.
2. **Percorri ogni giorno intenzionalmente**
   Ogni voce giornaliera include un tema centrale, manifestazioni globali, una storia vera, scritture, un piano d'azione, idee per applicazioni di gruppo, intuizioni chiave, spunti per il diario e una

preghiera potente.
3. **Concludi ogni giorno con la Dichiarazione quotidiana a 360°.**
Questa potente dichiarazione, che si trova alla fine di questo libro, è pensata per rafforzare la tua libertà e proteggere i tuoi cancelli spirituali.
4. **Usalo da solo o in gruppo**
Che tu stia affrontando questo percorso individualmente o in gruppo, in una comunità domestica, in un team di intercessione o in un ministero di liberazione, lascia che lo Spirito Santo guidi il ritmo e personalizzi il piano di battaglia.
5. **Aspettatevi opposizione, e**
la Resistenza Svolta arriverà. Ma arriverà anche la libertà. La liberazione è un processo, e Gesù si impegna a percorrerlo con voi.

CAPITOLI FONDAMENTALI (Leggere prima del primo giorno)
1. Origini del Regno Oscuro
Dalla ribellione di Lucifero all'emergere di gerarchie demoniache e spiriti territoriali, questo capitolo ripercorre la storia biblica e spirituale dell'oscurità. Capire dove ha avuto origine aiuta a riconoscerne il funzionamento.

2. Come funziona oggi il Regno Oscuro
Dai patti e sacrifici di sangue agli altari, agli spiriti marini e alle infiltrazioni tecnologiche, questo capitolo svela i volti moderni degli spiriti antichi, incluso il modo in cui i media, le tendenze e persino la religione possono fungere da camuffamento.

3. Punti di ingresso: come le persone rimangono agganciate
Nessuno nasce in schiavitù per caso. Questo capitolo esamina porte come il trauma, gli altari ancestrali, l'esposizione alla stregoneria, i legami dell'anima, la curiosità occulta, la Massoneria, la falsa spiritualità e le pratiche culturali.

4. Manifestazioni: dal possesso all'ossessione
Che aspetto ha la schiavitù? Dagli incubi al ritardo matrimoniale, all'infertilità, alla dipendenza, alla rabbia e persino alla "santa risata", questo capitolo svela come i demoni si mascherano da problemi, doni o personalità.

5. Il potere della parola: l'autorità dei credenti

Prima di iniziare la guerra dei 40 giorni, devi comprendere i tuoi diritti legali in Cristo. Questo capitolo ti fornisce leggi spirituali, armi da guerra, protocolli scritturali e il linguaggio della liberazione.

UN ULTIMO INCORAGGIAMENTO PRIMA DI INIZIARE

Dio non ti chiama a *gestire* l'oscurità.

Ti chiama a **dominarla**.

Non con la forza, non con la potenza, ma con il Suo Spirito.

Che questi prossimi 40 giorni siano più di una semplice preghiera.

Che siano un funerale per ogni altare che un tempo ti dominava... e un'incoronazione nel destino che Dio ha ordinato per te.

Il tuo viaggio verso il dominio inizia ora.

CAPITOLO 1: ORIGINI DEL REGNO OSCURO

"*Poiché la nostra lotta non è contro sangue e carne, ma contro i principati, contro le potenze, contro i dominatori di questo mondo di tenebre, contro le forze spirituali della malvagità, che sono nei luoghi celesti.*" — Efesini 6:12

Molto prima che l'umanità entrasse in scena nel tempo, una guerra invisibile scoppiò nei cieli. Non fu una guerra di spade o armi da fuoco, ma di ribellione: un alto tradimento contro la santità e l'autorità dell'Altissimo. La Bibbia svela questo mistero attraverso vari passaggi che accennano alla caduta di uno degli angeli più belli di Dio, **Lucifero**, lo splendente, che osò esaltarsi al di sopra del trono di Dio (Isaia 14:12-15, Ezechiele 28:12-17).

Questa ribellione cosmica diede vita al **Regno Oscuro**, un regno di resistenza spirituale e inganno, composto da angeli caduti (ora demoni), principati e poteri schierati contro la volontà di Dio e il suo popolo.

La caduta e la formazione dell'oscurità

LUCIFERO NON È SEMPRE stato malvagio. Fu creato perfetto in saggezza e bellezza. Ma l'orgoglio entrò nel suo cuore e l'orgoglio divenne ribellione. Ingannò un terzo degli angeli del cielo perché lo seguissero (Apocalisse 12:4), e questi furono cacciati dal cielo. Il loro odio verso l'umanità è radicato nella gelosia, perché l'umanità è stata creata a immagine di Dio e le è stato dato il dominio.

Così ebbe inizio la guerra tra il **Regno della Luce** e il **Regno delle Tenebre**: un conflitto invisibile che tocca ogni anima, ogni casa e ogni nazione.

L'espressione globale del Regno Oscuro

SEBBENE INVISIBILE, l'influenza di questo regno oscuro è profondamente radicata in:

- **Tradizioni culturali** (culto degli antenati, sacrifici di sangue, società segrete)
- **Intrattenimento** (messaggi subliminali, musica e spettacoli occulti)
- **Governance** (corruzione, patti di sangue, giuramenti)
- **Tecnologia** (strumenti per la dipendenza, il controllo, la manipolazione della mente)
- **Educazione** (umanesimo, relativismo, falso illuminismo)

Dal juju africano al misticismo new age occidentale, dal culto dei jinn mediorientali allo sciamanesimo sudamericano, le forme sono diverse ma lo **spirito è lo stesso** : inganno, dominio e distruzione.

Perché questo libro è importante adesso

IL TRUCCO PIÙ GRANDE di Satana è far credere alla gente che non esiste o, peggio ancora, che i suoi metodi sono innocui.

Questo libro di devozione è un **manuale di intelligenza spirituale** che solleva il velo, svela i suoi piani e incoraggia i credenti di tutti i continenti a:

- **Riconoscere** i punti di ingresso
- **Rinunciare** ai patti nascosti
- **Resistere** con autorità
- **Recuperare** ciò che è stato rubato

Sei nato per combattere

QUESTO NON È UN LIBRO di devozione per i deboli di cuore. Sei nato in un campo di battaglia, non in un parco giochi. Ma la buona notizia è: **Gesù ha già vinto la guerra!**

"Egli ha spogliato i principati e le potenze e li ha esposti al vituperio, trionfando su di loro in lui." — Colossesi 2:15

Non sei una vittima. Sei più che un vincitore attraverso Cristo. Smascheriamo l'oscurità e camminiamo coraggiosamente verso la luce.

Intuizione chiave

L'origine delle tenebre è l'orgoglio, la ribellione e il rifiuto del dominio di Dio. Questi stessi semi operano ancora oggi nei cuori delle persone e dei sistemi. Per comprendere la guerra spirituale, dobbiamo prima capire come è iniziata la ribellione.

Diario di riflessione

- Ho liquidato la guerra spirituale come superstizione?
- Quali pratiche culturali o familiari ho normalizzato che potrebbero essere legate a un'antica ribellione?
- Capisco veramente la guerra in cui sono nato?

Preghiera di illuminazione

Padre Celeste, rivelami le radici nascoste della ribellione intorno e dentro di me. Smaschera le menzogne dell'oscurità che potrei aver abbracciato inconsapevolmente. Lascia che la Tua verità risplenda in ogni luogo oscuro. Scelgo il Regno della Luce. Scelgo di camminare nella verità, nella potenza e nella libertà. Nel nome di Gesù. Amen.

CAPITOLO 2: COME OPERA OGGI IL REGNO OSCURO

"*Affinché non siamo raggirati da Satana; perché non ignoriamo le sue macchinazioni.*" — 2 Corinzi 2:11

Il regno delle tenebre non opera a casaccio. È un'infrastruttura spirituale ben organizzata e profondamente stratificata che rispecchia la strategia militare. Il suo obiettivo: infiltrarsi, manipolare, controllare e, infine, distruggere. Proprio come il Regno di Dio ha un ordine e un rango (apostoli, profeti, ecc.), così ha il regno delle tenebre, con principati, potestà, dominatori delle tenebre e spiriti malvagi nei luoghi celesti (Efesini 6:12).

Il Regno Oscuro non è un mito. Non è folklore o superstizione religiosa. È una rete invisibile ma reale di agenti spirituali che manipolano sistemi, persone e persino chiese per realizzare i piani di Satana. Mentre molti immaginano forconi e corna rosse, il vero funzionamento di questo regno è molto più sottile, sistematico e sinistro.

1. L'inganno è la loro moneta di scambio

Il nemico si serve della menzogna. Dal Giardino dell'Eden (Genesi 3) alle filosofie odierne, le tattiche di Satana hanno sempre ruotato attorno al seminare il dubbio nella Parola di Dio. Oggi, l'inganno si manifesta sotto forma di:

- *Insegnamenti New Age mascherati da illuminazione*
- *Pratiche occulte mascherate da orgoglio culturale*
- *La stregoneria resa glamour nella musica, nei film, nei cartoni animati e nelle tendenze dei social media*

Le persone partecipano inconsapevolmente a rituali o consumano media che aprono porte spirituali senza discernimento.

2. Struttura gerarchica del male

Proprio come il Regno di Dio ha un ordine, il regno delle tenebre opera secondo una gerarchia definita:

- **Principati** – Spiriti territoriali che influenzano nazioni e governi
- **Poteri** – Agenti che impongono la malvagità attraverso sistemi demoniaci
- **I governanti delle tenebre** – Coordinatori della cecità spirituale, dell'idolatria, della falsa religione
- **Malvagità spirituale nei luoghi elevati** : entità di livello élite che influenzano la cultura, la ricchezza e la tecnologia globali

Ogni demone è specializzato in determinati compiti: paura, dipendenza, perversione sessuale, confusione, orgoglio, divisione.

3. Strumenti di controllo culturale

Il diavolo non ha più bisogno di apparire fisicamente. Ora è la cultura a fare il grosso del lavoro. Le sue strategie odierne includono:

- **Messaggi subliminali:** musica, spettacoli, pubblicità pieni di simboli nascosti e messaggi invertiti
- **Desensibilizzazione:** esposizione ripetuta al peccato (violenza, nudità, parolacce) finché non diventa "normale"
- **Tecniche di controllo mentale:** attraverso l'ipnosi mediatica, la manipolazione emotiva e gli algoritmi che creano dipendenza

Non è un caso. Si tratta di strategie studiate per indebolire le convinzioni morali, distruggere le famiglie e ridefinire la verità.

4. Accordi generazionali e linee di sangue

Attraverso sogni, rituali, dediche o patti ancestrali, molte persone sono inconsapevolmente allineate con l'oscurità. Satana trae profitto da:

- Altari di famiglia e idoli ancestrali
- Cerimonie di denominazione che invocano gli spiriti
- Peccati familiari segreti o maledizioni tramandate

Ciò apre le porte alla possibilità giuridica di essere afflitti finché il patto non verrà infranto dal sangue di Gesù.

5. Falsi miracoli, falsi profeti

Il Regno Oscuro ama la religione, soprattutto se priva di verità e potere. Falsi profeti, spiriti seduttori e miracoli falsi ingannano le masse:

"Perché anche Satana si traveste da angelo di luce." — 2 Corinzi 11:14

Oggi molti seguono voci che solleticano le loro orecchie ma legano le loro anime.

Intuizione chiave

Il diavolo non è sempre rumoroso: a volte sussurra attraverso il compromesso. La tattica più efficace del Regno Oscuro è convincere le persone di essere libere, mentre sono sottilmente schiavizzate.

Diario di riflessione:

- Dove hai visto queste operazioni nella tua comunità o nazione?
- Ci sono programmi, musica, app o rituali che hai normalizzato e che potrebbero in realtà essere strumenti di manipolazione?

Preghiera di consapevolezza e pentimento:

Signore Gesù, apri i miei occhi per vedere le azioni del nemico. Smaschera ogni menzogna in cui ho creduto. Perdonami per ogni porta che ho aperto, consapevolmente o inconsapevolmente. Rompo il patto con l'oscurità e scelgo la Tua verità, il Tuo potere e la Tua libertà. Nel nome di Gesù. Amen.

CAPITOLO 3: PUNTI DI INGRESSO – COME LE PERSONE SI INNAMORANO

"*Non date luogo al diavolo.*" — Efesini 4:27

In ogni cultura, generazione e casa, ci sono aperture nascoste, porte attraverso cui entra l'oscurità spirituale. Questi punti di accesso possono sembrare innocui a prima vista: un gioco d'infanzia, un rituale familiare, un libro, un film, un trauma irrisolto. Ma una volta aperti, diventano terreno legittimo per l'influenza demoniaca.

Punti di ingresso comuni

1. **Patti di sangue** : giuramenti ancestrali, rituali e idolatria che tramandano l'accesso agli spiriti maligni.
2. **Esposizione precoce all'occulto** – Come nella storia di *Lourdes Valdivia* dalla Bolivia, i bambini esposti alla stregoneria, allo spiritismo o ai rituali occulti spesso diventano spiritualmente compromessi.
3. **Media e musica** : canzoni e film che glorificano l'oscurità, la sensualità o la ribellione possono sollecitare sottilmente un'influenza spirituale.
4. **Traumi e abusi** : abusi sessuali, traumi violenti o rifiuti possono spaccare l'anima e aprirla agli spiriti oppressivi.
5. **Peccato sessuale e legami dell'anima** : le unioni sessuali illecite spesso creano legami spirituali e trasferimenti di spiriti.
6. **New Age e falsa religione** : cristalli, yoga, guide spirituali, oroscopi e "stregoneria bianca" sono inviti velati.
7. **Amarezza e mancanza di perdono** : conferiscono agli spiriti demoniaci il diritto legale di tormentare (vedere Matteo 18:34).

Testimonianza globale in evidenza: *Lourdes Valdivia (Bolivia)*

A soli 7 anni, Lourdes fu introdotta alla stregoneria da sua madre, un'occultista di lunga data. La sua casa era piena di simboli, ossa provenienti dai cimiteri e libri di magia. Sperimentò proiezioni astrali, voci e tormenti prima di trovare finalmente Gesù e di essere liberata. La sua storia è una delle tante, a dimostrazione di come l'esposizione precoce e l'influenza generazionale aprano le porte alla schiavitù spirituale.

Riferimento a Greater Exploits:

Storie di come le persone abbiano inconsapevolmente aperto porte attraverso attività "innocue", solo per essere intrappolate nell'oscurità, si possono trovare in *Greater Exploits 14* e *Delivered from the Power of Darkness*. (Vedi appendice)

Intuizione chiave

Il nemico raramente irrompe. Aspetta che una porta venga socchiusa. Ciò che sembra innocente, ereditato o divertente a volte può essere proprio la porta di cui il nemico ha bisogno.

Diario di riflessione

- Quali momenti della mia vita potrebbero aver rappresentato un punto di ingresso spirituale?
- Ci sono tradizioni o oggetti "innocui" di cui dovrei liberarmi?
- Devo rinunciare a qualcosa del mio passato o della mia famiglia?

Preghiera di rinuncia

Padre, chiudo ogni porta che io o i miei antenati possiamo aver aperto all'oscurità. Rinuncio a tutti gli accordi, ai legami dell'anima e all'esposizione a qualsiasi cosa profana. Spezzo ogni catena con il sangue di Gesù. Dichiaro che il mio corpo, la mia anima e il mio spirito appartengono solo a Cristo. Nel nome di Gesù. Amen.

CAPITOLO 4: MANIFESTAZIONI – DALLA POSSESSIONI ALL'OSSESSIONE

"*Quando uno spirito impuro esce da un uomo, si aggira per luoghi aridi cercando riposo, ma non lo trova. Allora dice: «Ritornerò nella casa da cui sono uscito».*" — Matteo 12:43

Una volta che una persona cade sotto l'influenza del regno oscuro, le manifestazioni variano in base al livello di accesso demoniaco concesso. Il nemico spirituale non si accontenta di visite: il suo obiettivo finale è l'insediamento e il dominio.

Livelli di manifestazione

1. **Influenza** : il nemico ottiene influenza attraverso pensieri, emozioni e decisioni.
2. **Oppressione** : pressione esterna, pesantezza, confusione e tormento.
3. **Ossessione** : la persona si fissa su pensieri oscuri o su comportamenti compulsivi.
4. **Possessione** – In casi rari ma reali, i demoni prendono possesso di una persona e ne prevalgono sulla volontà, sulla voce o sul corpo.

Il grado di manifestazione è spesso collegato alla profondità del compromesso spirituale.

Casi di studio globali di manifestazione

- **Africa:** casi di marito/moglie spirituale, follia, servitù rituale.
- **Europa:** ipnosi New Age, proiezione astrale e frammentazione della mente.
- **Asia:** legami spirituali ancestrali, trappole della reincarnazione e voti di stirpe.

- **Sud America:** sciamanesimo, guide spirituali, dipendenza dalla lettura dei sensi.
- **Nord America:** stregoneria nei media, oroscopi "innocui", passaggi verso sostanze.
- **Medio Oriente:** incontri con i djinn, giuramenti di sangue e falsi profeti.

Ogni continente presenta la sua peculiare maschera dello stesso sistema demoniaco e i credenti devono imparare a riconoscerne i segnali.

Sintomi comuni dell'attività demoniaca

- Incubi ricorrenti o paralisi del sonno
- Voci o tormento mentale
- Peccato compulsivo e ripetute ricadute
- Malattie inspiegabili, paura o rabbia
- Forza o conoscenza soprannaturale
- Avversione improvvisa alle cose spirituali

Intuizione chiave

Ciò che chiamiamo problemi "mentali", "emozionali" o "medici" a volte può essere spirituale. Non sempre, ma abbastanza spesso, quindi il discernimento è cruciale.

Diario di riflessione

- Ho notato lotte ripetitive che sembrano di natura spirituale?
- Ci sono modelli generazionali di distruzione nella mia famiglia?
- Che tipo di media, musica o relazioni sto permettendo nella mia vita?

Preghiera di rinuncia

Signore Gesù, rinuncio a ogni accordo nascosto, porta aperta e patto empio nella mia vita. Rompo i legami con tutto ciò che non è Tuo, consapevolmente o inconsapevolmente. Invoco il fuoco dello Spirito Santo a consumare ogni traccia di oscurità nella mia vita. Liberami completamente. Nel Tuo potente nome. Amen.

CAPITOLO 5: IL POTERE DELLA PAROLA – L'AUTORITÀ DEI CREDENTI

"Ecco, io vi ho dato il potere di camminare sopra serpenti e scorpioni, e sopra tutta la potenza del nemico; e nulla potrà farvi del male". — Luca 10:19 (NR)

Molti credenti vivono nella paura dell'oscurità perché non comprendono la luce che portano con sé. Eppure la Scrittura rivela che la **Parola di Dio non è solo una spada (Efesini 6:17)** : è fuoco (Geremia 23:29), un martello, un seme e la vita stessa. Nella battaglia tra luce e tenebre, coloro che conoscono e proclamano la Parola non sono mai vittime.

Che cos'è questo potere?

Il potere che i credenti hanno è **un'autorità delegata** . Come un poliziotto con un distintivo, non ci basiamo sulle nostre forze, ma sul **nome di Gesù** e sulla Parola di Dio. Quando Gesù sconfisse Satana nel deserto, non urlò, non pianse e non si fece prendere dal panico: disse semplicemente: *"Sta scritto".*

Questo è lo schema di ogni guerra spirituale.

Perché molti cristiani restano sconfitti

1. **Ignoranza** : non sanno cosa dice la Parola sulla loro identità.
2. **Silenzio** – Non dichiarano la Parola di Dio sulle situazioni.
3. **Incoerenza** : vivono in cicli di peccato, che erodono la fiducia e l'accesso.

La vittoria non consiste nel gridare più forte; consiste nel **credere più profondamente** e **dichiararlo con coraggio** .

Autorità in azione – Storie globali

- **Nigeria:** un ragazzino intrappolato in una setta è stato liberato perché sua madre ungeva regolarmente la sua stanza e recitava il

Salmo 91 ogni sera.
- **Stati Uniti:** Un'ex wiccan ha abbandonato la stregoneria dopo che una collega ha recitato silenziosamente le scritture sul suo spazio di lavoro ogni giorno per mesi.
- **India:** un credente ha dichiarato Isaia 54:17 mentre subiva continui attacchi di magia nera. Gli attacchi sono cessati e l'aggressore ha confessato.
- **Brasile:** una donna ha utilizzato le dichiarazioni quotidiane di Romani 8 per superare i suoi pensieri suicidi e ha iniziato a camminare in una pace soprannaturale.

La Parola è viva. Non ha bisogno della nostra perfezione, solo della nostra fede e della nostra confessione.

Come usare la parola in guerra

1. **Memorizzare le Scritture** relative all'identità, alla vittoria e alla protezione.
2. **Pronuncia la Parola ad alta voce**, soprattutto durante gli attacchi spirituali.
3. **Usatelo nella preghiera**, dichiarando le promesse di Dio sulle situazioni.
4. **Digiuna e prega** con la Parola come tua ancora (Matteo 17:21).

Scritture fondamentali per la guerra

- *2 Corinzi 10:3-5* – Abbattere le fortezze
- *Isaia 54:17* – Nessuna arma forgiata prospererà
- *Luca 10:19* – Potere sul nemico
- *Salmo 91* – Protezione divina
- *Apocalisse 12:11* – Vinto dal sangue e dalla testimonianza

Intuizione chiave

La Parola di Dio nella tua bocca è potente quanto la Parola nella bocca di Dio, quando è pronunciata con fede.

Diario di riflessione

- Conosco i miei diritti spirituali come credente?
- Su quali passi delle Scritture mi baso attivamente oggi?
- Ho permesso alla paura o all'ignoranza di mettere a tacere la mia autorità?

Preghiera di potenziamento

Padre, apri i miei occhi all'autorità che ho in Cristo. Insegnami a maneggiare la Tua Parola con audacia e fede. Dove ho permesso alla paura o all'ignoranza di regnare, che venga la rivelazione. Oggi sono un figlio di Dio, armato con la Spada dello Spirito. Pronuncerò la Parola. Resterò vittorioso. Non temerò il nemico, perché più grande è Colui che è in me. Nel nome di Gesù. Amen.

GIORNO 1: LINEE DI SANGUE E CANCELLI — SPEZZARE LE CATENE FAMILIARI

> *I nostri padri hanno peccato e non sono più, e noi ne portiamo la pena».* — Lamentazioni 5:7

Potresti essere salvato, ma la tua stirpe ha ancora una storia e, finché le vecchie alleanze non saranno infrante, continuerà a parlare.

In ogni continente, ci sono altari nascosti, patti ancestrali, voti segreti e iniquità ereditate che rimangono attive finché non vengono affrontate in modo specifico. Ciò che è iniziato con i bisnonni potrebbe ancora reclamare il destino dei bambini di oggi.

Espressioni globali

- **Africa** – Dei della famiglia, oracoli, stregoneria generazionale, sacrifici di sangue.
- **Asia** – Culto degli antenati, legami di reincarnazione, catene karmiche.
- **America Latina** – Santeria, altari della morte, giuramenti di sangue sciamanici.
- **Europa** – Massoneria, radici pagane, patti di sangue.
- **Nord America** – Eredità New Age, lignaggio massonico, oggetti occulti.

La maledizione continua finché qualcuno non si alza per dire: "Basta!"

Una testimonianza più profonda: guarire dalle radici

Una donna dell'Africa occidentale, dopo aver letto *"Greater Exploits 14"*, si è resa conto che i suoi aborti cronici e i suoi tormenti inspiegabili erano legati alla posizione del nonno come sacerdote di un santuario. Aveva accettato Cristo anni prima, ma non aveva mai rispettato i patti familiari.

Dopo tre giorni di preghiera e digiuno, fu spinta a distruggere alcuni cimeli e a rinunciare ai patti, come indicato in Galati 3:13. Nello stesso mese, concepì e portò a termine la gravidanza. Oggi, guida altre persone nel ministero di guarigione e liberazione.

Un altro uomo in America Latina, descritto nel libro " *Liberato dal potere delle tenebre"* , ha trovato la libertà dopo aver rinunciato a una maledizione massonica segretamente tramandatagli dal bisnonno. Quando ha iniziato ad applicare passi delle Scritture come Isaia 49:24-26 e a impegnarsi in preghiere di liberazione, il suo tormento mentale si è placato e la pace è tornata nella sua casa.

Queste storie non sono coincidenze: sono testimonianze della verità in azione.

Piano d'azione – Inventario familiare

1. Annota tutte le credenze, le pratiche e le affiliazioni familiari note: religiose, mistiche o società segrete.
2. Chiedi a Dio la rivelazione degli altari e dei patti nascosti.
3. Distruggete e gettate via con l'aiuto della preghiera qualsiasi oggetto legato all'idolatria o a pratiche occulte.
4. Siate rapidi come indicato e usate le scritture qui sotto per aprire nuove strade legali:
    - *Levitico 26:40–42*
    - *Isaia 49:24–26*
    - *Galati 3:13*

DISCUSSIONE DI GRUPPO e domanda

- Quali comuni pratiche familiari vengono spesso considerate innocue ma possono rivelarsi pericolose a livello spirituale?
- Chiedi ai membri di condividere in forma anonima (se necessario) sogni, oggetti o cicli ricorrenti nella loro linea di sangue.

- Preghiera di rinuncia di gruppo: ogni persona può pronunciare il nome della famiglia o dell'argomento a cui si sta rinunciando.

Strumenti del ministero: portare l'olio dell'unzione. Offrire la comunione. Guidare il gruppo in una preghiera di alleanza e sostituzione, dedicando ogni linea familiare a Cristo.

Intuizione chiave

Rinascere salva il tuo spirito. Rompere i patti familiari preserva il tuo destino.

Diario di riflessione

- Cosa c'è di ereditario nella mia famiglia? Cosa devo smettere di fare?
- Ci sono oggetti, nomi o tradizioni nella mia casa che devono essere eliminati?
- Quali porte hanno aperto i miei antenati e che ora devo chiudere?

Preghiera di liberazione

Signore Gesù, Ti ringrazio per il Tuo sangue che parla di cose migliori. Oggi rinuncio a ogni altare nascosto, patto familiare e schiavitù ereditata. Spezzo le catene della mia stirpe e dichiaro di essere una nuova creazione. La mia vita, la mia famiglia e il mio destino ora appartengono solo a Te. Nel nome di Gesù. Amen.

GIORNO 2: INVASIONI DA SOGNO — QUANDO LA NOTTE DIVENTA UN CAMPO DI BATTAGLIA

"Mentre gli uomini dormivano, venne il suo nemico, seminò zizzania in mezzo al grano e se ne andò." — Matteo 13:25

Per molti, la più grande guerra spirituale non avviene da svegli, ma quando dormono.

I sogni non sono solo attività cerebrale casuale. Sono portali spirituali attraverso i quali vengono scambiati avvertimenti, attacchi, patti e destini. Il nemico usa il sonno come un silenzioso campo di battaglia per seminare paura, lussuria, confusione e ritardo, il tutto senza opporre resistenza perché la maggior parte delle persone è ignara della guerra in corso.

Espressioni globali

- **Africa** – Sposi spirituali, serpenti, mangiare nei sogni, mascherate.
- **Asia** – Incontri ancestrali, sogni di morte, tormenti karmici.
- **America Latina** – Demoni animaleschi, ombre, paralisi del sonno.
- **Nord America** – Proiezione astrale, sogni alieni, replay di traumi.
- **Europa** – Manifestazioni gotiche, demoni sessuali (incubo/succubo), frammentazioni dell'anima.

Se Satana può controllare i tuoi sogni, può influenzare il tuo destino.

Testimonianza – Dal terrore notturno alla pace

Una giovane donna del Regno Unito mi ha scritto un'email dopo aver letto *"Ex-Satanist: The James Exchange"*. Raccontava di come per anni fosse stata tormentata da sogni in cui veniva inseguita, morsa da cani o andata a letto con sconosciuti, sempre seguiti da battute d'arresto nella vita reale. Le sue relazioni erano fallite, le opportunità di lavoro erano svanite e lei si sentiva costantemente esausta.

Attraverso il digiuno e lo studio di passi biblici come Giobbe 33:14-18, scoprì che Dio parla spesso attraverso i sogni, ma lo fa anche il nemico. Iniziò a ungersi il capo con olio, a respingere ad alta voce i sogni malvagi al risveglio e a tenere un diario dei sogni. Gradualmente, i suoi sogni divennero più chiari e sereni. Oggi guida un gruppo di supporto per giovani donne che soffrono di attacchi di incubi.

Un uomo d'affari nigeriano, dopo aver ascoltato una testimonianza su YouTube, ha capito che il suo sogno di ricevere cibo ogni sera era legato alla stregoneria. Ogni volta che accettava il cibo nel sogno, le cose andavano male nei suoi affari. Ha imparato a rifiutare immediatamente il cibo nel sogno, a pregare in lingue prima di andare a letto e ora vede invece strategie e avvertimenti divini.

Piano d'azione: rafforza i tuoi turni di guardia notturna

1. **Prima di andare a letto:** leggi le Scritture ad alta voce. Adora il Signore. Ungiti il capo con l'olio.
2. **Diario dei sogni:** annota ogni sogno al risveglio, bello o brutto che sia. Chiedi allo Spirito Santo di interpretarlo.
3. **Rifiuta e rinuncia:** se il sogno riguarda attività sessuale, parenti defunti, cibo o schiavitù, rinuncia immediatamente in preghiera.
4. **Guerra delle Scritture:**
   - *Salmo 4:8* — Sonno tranquillo
   - *Giobbe 33:14–18* — Dio parla attraverso i sogni
   - *Matteo 13:25* — Il nemico semina zizzania
   - *Isaia 54:17* — Nessuna arma fabbricata contro di te

Domanda di gruppo

- Condividete i sogni recenti in forma anonima. Lasciate che il gruppo ne discerna schemi e significati.
- Insegnare ai membri come respingere verbalmente i sogni malvagi e suggellare quelli buoni nella preghiera.
- Dichiarazione di gruppo: "Proibiamo le transazioni demoniache nei

nostri sogni, nel nome di Gesù!"

Strumenti del Ministero:

- Portate carta e penne per tenere un diario dei sogni.
- Mostrare come ungere la propria casa e il proprio letto.
- Offrire la comunione come sigillo dell'alleanza per la notte.

Intuizione chiave

I sogni sono porte d'accesso a incontri divini o a trappole demoniache. Il discernimento è fondamentale.

Diario di riflessione

- Che tipo di sogni ho fatto più spesso?
- Mi prendo del tempo per riflettere sui miei sogni?
- I miei sogni mi hanno messo in guardia da qualcosa che ho ignorato?

Preghiera della Veglia Notturna

Padre, ti dedico i miei sogni. Non permettere che alcun potere malvagio si insinui nel mio sonno. Rifiuto ogni patto demoniaco, contaminazione sessuale o manipolazione nei miei sogni. Ricevo visite divine, istruzioni celesti e protezione angelica mentre dormo. Fa' che le mie notti siano piene di pace, rivelazione e potere. Nel nome di Gesù, amen.

GIORNO 3: SPOSI SPIRITUALI — UNIONI IMPARATE CHE LEGANO I DESTINI

"*Perché il tuo Creatore è il tuo sposo, il Signore degli eserciti è il suo nome...*" — Isaia 54:5

"*Hanno sacrificato i loro figli e le loro figlie ai demoni.*" — Salmo 106:37

Mentre molti invocano una svolta nel matrimonio, ciò di cui non si rendono conto è che si trovano già in un **matrimonio spirituale**, un matrimonio a cui non hanno mai acconsentito.

Si tratta di **patti formati attraverso sogni, molestie, rituali di sangue, pornografia, giuramenti ancestrali o trasferimenti demoniaci**. Lo spirito sposato – incubo (maschio) o succubo (femmina) – si appropria del diritto legale sul corpo, l'intimità e il futuro della persona, spesso bloccando le relazioni, distruggendo le case, causando aborti spontanei e alimentando dipendenze.

Manifestazioni globali

- **Africa** – Spiriti marini (Mami Wata), mogli/mariti spirituali provenienti dai regni acquatici.
- **Asia** – Matrimoni celestiali, maledizioni karmiche delle anime gemelle, sposi reincarnati.
- **Europa** – Unioni di stregoneria, amanti demoniaci di origine massonica o druidica.
- **America Latina** – Matrimoni santeria, incantesimi d'amore, "matrimoni spirituali" basati su patti.
- **Nord America** – Portali spirituali indotti dalla pornografia, spiriti sessuali new age, rapimenti alieni come manifestazioni di incontri con gli incubi.

Storie vere: la battaglia per la libertà coniugale
Tolu, Nigeria.
Tolu aveva 32 anni ed era single. Ogni volta che si fidanzava, l'uomo spariva all'improvviso. Sognava costantemente di sposarsi con cerimonie elaborate. In *Greater Exploits 14* , ha riconosciuto che il suo caso corrispondeva a una testimonianza condivisa lì. Ha praticato un digiuno di tre giorni e preghiere di guerra notturne a mezzanotte, recidendo i legami dell'anima e scacciando lo spirito marino che la reclamava. Oggi è sposata e offre consulenza ad altri.

Lina, Filippine.
Lina sentiva spesso una "presenza" accanto a lei di notte. Pensava di immaginare cose finché non iniziarono ad apparire lividi su gambe e cosce senza spiegazione. Il suo pastore le individuò un coniuge spirituale. Confessò un aborto e una dipendenza dalla pornografia in passato, poi si sottopose a un percorso di liberazione. Ora aiuta le giovani donne a identificare modelli simili nella sua comunità.

Piano d'azione – Rompere il patto

1. **Confessare** e pentirsi dei peccati sessuali, dei legami dell'anima, dell'esposizione all'occulto o dei rituali ancestrali.
2. **Rifiutate** tutti i matrimoni spirituali nella preghiera, anche solo nominandoli, se rivelati.
3. **Digiuna** per 3 giorni (o come indicato) usando Isaia 54 e il Salmo 18 come versetti di riferimento.
4. **Distruggi** i simboli fisici: anelli, vestiti o regali legati ad amanti passati o ad affiliazioni occulte.
5. **Dichiara ad alta voce** :

Non sono sposato con nessuno spirito. Sono legato a Gesù Cristo. Rifiuto ogni unione demoniaca nel mio corpo, anima e spirito!

Strumenti di Scrittura

- Isaia 54:4–8 – Dio come tuo vero Sposo
- Salmo 18 – Spezzare le corde della morte
- 1 Corinzi 6:15-20 – Il vostro corpo appartiene al Signore
- Osea 2:6–8 – Rompere i patti empi

Domanda di gruppo

- Chiedi ai membri del gruppo: Hai mai sognato di notte matrimoni, sesso con sconosciuti o figure oscure?
- Guidare un gruppo di rinuncia dei coniugi spirituali.
- Interpreta un "tribunale del divorzio in cielo": ogni partecipante presenta una richiesta di divorzio spirituale a Dio in preghiera.
- Utilizzare l'olio per l'unzione sulla testa, sul ventre e sui piedi come simboli di purificazione, riproduzione e movimento.

Intuizione chiave

I matrimoni demoniaci sono reali. Ma non esiste unione spirituale che non possa essere spezzata dal sangue di Gesù.

Diario di riflessione

- Ho fatto sogni ricorrenti di matrimonio o di sesso?
- Ci sono modelli di rifiuto, ritardo o aborto spontaneo nella mia vita?
- Sono disposto a consegnare completamente il mio corpo, la mia sessualità e il mio futuro a Dio?

Preghiera di liberazione

Padre Celeste, mi pento di ogni peccato sessuale, noto o sconosciuto. Rifiuto e rinuncio a ogni coniuge spirituale, spirito marino o matrimonio occulto che reclama la mia vita. Con il potere del sangue di Gesù, rompo ogni patto, seme di sogno e legame d'anima. Dichiaro di essere la Sposa di Cristo, messa da parte per la Sua gloria. Cammino libera, nel nome di Gesù. Amen.

GIORNO 4: OGGETTI MALEDETTI – PORTE CHE PROFUMANO

"Non introdurrai alcun abominio nella tua casa, perché non saresti maledetto come esso." — Deuteronomio 7:26

Una voce nascosta che molti ignorano

Non tutti i beni sono solo beni. Alcune cose portano con sé una storia. Altre portano con sé uno spirito. Gli oggetti maledetti non sono solo idoli o manufatti: possono essere libri, gioielli, statue, simboli, doni, vestiti o persino cimeli ereditati che un tempo erano dedicati a forze oscure. Ciò che hai sullo scaffale, al polso, al muro, potrebbe essere il punto di accesso al tormento della tua vita.

Osservazioni globali

- **Africa** : zucche, amuleti e braccialetti legati agli stregoni o al culto degli antenati.
- **Asia** : amuleti, statuette zodiacali e souvenir dei templi.
- **America Latina** : collane, bambole, candele della Santería con iscrizioni spirituali.
- **Nord America** : tarocchi, tavolette Ouija, acchiappasogni, cimeli dell'orrore.
- **Europa** : reliquie pagane, libri occulti, accessori a tema stregonesco.

Una coppia in Europa ha sperimentato un'improvvisa malattia e un senso di oppressione spirituale al ritorno da una vacanza a Bali. Ignari, avevano acquistato una statua scolpita dedicata a una divinità marina locale. Dopo preghiera e discernimento, hanno rimosso l'oggetto e l'hanno bruciato. La pace è tornata immediatamente.

Un'altra donna, tra le testimoni di *Greater Exploits,* ha raccontato di aver avuto incubi inspiegabili, finché non è stato scoperto che una collana regalatale da sua zia era in realtà un dispositivo di monitoraggio spirituale consacrato in un santuario.

Non devi solo pulire la tua casa fisicamente: devi anche pulirla spiritualmente.

Testimonianza: "La bambola che mi guardava"

Lourdes Valdivia, la cui storia abbiamo esplorato in precedenza dal Sud America, una volta ricevette una bambola di porcellana durante una festa di famiglia. Sua madre l'aveva consacrata con un rito occulto. Dalla notte in cui la bambola fu portata nella sua stanza, Lourdes iniziò a sentire voci, ad avere paralisi nel sonno e a vedere figure di notte.

Solo quando un'amica cristiana pregò con lei e lo Spirito Santo le rivelò l'origine della bambola, se ne liberò. Immediatamente, la presenza demoniaca se ne andò. Questo diede inizio al suo risveglio: dall'oppressione alla liberazione.

Piano d'azione – Audit della casa e del cuore

1. **Percorri ogni stanza** della tua casa con l'olio dell'unzione e la Parola.
2. **Chiedi allo Spirito Santo** di evidenziare oggetti o doni che non provengono da Dio.
3. **Brucia o getta via** oggetti legati all'occulto, all'idolatria o all'immoralità.
4. **Chiudi tutte le porte** con passi delle Scritture come:
   - *Deuteronomio 7:26*
   - *Atti 19:19*
   - *2 Corinzi 6:16–18*

Discussione di gruppo e attivazione

- Condividi eventuali oggetti o regali che un tempo possedevi e che hanno avuto effetti insoliti nella tua vita.
- Create insieme una "Checklist per le pulizie di casa".
- Assegnare ai partner il compito di pregare nei rispettivi ambienti domestici (con il permesso).
- Invita un ministro di liberazione locale a guidare una preghiera

profetica di purificazione della casa.

Strumenti per il ministero: olio per l'unzione, musica per il culto, sacchi della spazzatura (per smaltirli davvero) e un contenitore ignifugo per gli oggetti da distruggere.

Intuizione chiave
Ciò che permetti nel tuo spazio può autorizzare gli spiriti nella tua vita.

Diario di riflessione

- Quali oggetti nella mia casa o nel mio guardaroba hanno origini spirituali poco chiare?
- Mi sono aggrappato a qualcosa per un valore sentimentale che ora devo lasciare andare?
- Sono pronto a santificare il mio spazio per lo Spirito Santo?

Preghiera di purificazione
Signore Gesù, invito il Tuo Spirito Santo a smascherare tutto ciò che nella mia casa non appartiene a Te. Rinuncio a ogni oggetto, dono o oggetto maledetto legato all'oscurità. Dichiaro la mia casa terra santa. Lascia che la Tua pace e purezza dimorino qui. Nel nome di Gesù. Amen.

GIORNO 5: AFFASCINATI E INGANNATI — LIBERARSI DALLO SPIRITO DELLA DIVINAZIONE

"Questi uomini sono servi del Dio Altissimo , che vi annunziano la via della salvezza." — *Atti 16:17 (NR)*

"Ma Paolo, irritato, si voltò e disse allo spirito: «Io ti ordino nel nome di Gesù Cristo di uscire da lei». E lo spirito uscì in quell'istante." — *Atti 16:18*

C'è una linea sottile tra profezia e divinazione, e oggi molti la oltrepassano senza nemmeno saperlo.

Dai profeti di YouTube che chiedono soldi per "parole personali" ai cartomanti sui social media che citano le Scritture, il mondo è diventato un mercato di rumore spirituale. E, tragicamente, molti credenti bevono inconsapevolmente da corsi d'acqua inquinati.

Lo **spirito divinatorio** imita lo Spirito Santo. Adula, seduce, manipola le emozioni e intrappola le sue vittime in una rete di controllo. Il suo obiettivo? **Intrappolare, ingannare e schiavizzare spiritualmente.**

Espressioni globali della divinazione

- **Africa** – Oracoli, sacerdoti Ifá , medium spiritici, frodi profetiche.
- **Asia** – Chiromanti, astrologi, veggenti ancestrali, "profeti" della reincarnazione.
- **America Latina** – Profeti della Santeria, incantatori, santi con poteri oscuri.
- **Europa** – Tarocchi, chiaroveggenza, circoli medi, canalizzazione New Age.
- **Nord America** – Sensitivi "cristiani", numerologia nelle chiese, carte degli angeli, guide spirituali travestite da Spirito Santo.

Ciò che è pericoloso non è solo ciò che dicono, ma lo **spirito** che c'è dietro.

Testimonianza: da chiaroveggente a Cristo

Una donna americana ha testimoniato su YouTube come è passata dall'essere una "profetessa cristiana" alla consapevolezza di operare sotto uno spirito divinatorio. Ha iniziato ad avere visioni chiare, a pronunciare parole profetiche dettagliate e ad attirare grandi folle online. Ma ha anche lottato contro la depressione, gli incubi e ha sentito voci sussurrare dopo ogni sessione.

Un giorno, mentre ascoltava un insegnamento su *Atti 16*, le sue scaglie caddero. Si rese conto di non essersi mai sottomessa allo Spirito Santo, ma solo al suo dono. Dopo un profondo pentimento e la liberazione, distrusse le sue carte angeliche e il diario del digiuno pieno di rituali. Oggi predica Gesù, non più "parole".

Piano d'azione – Mettere alla prova gli spiriti

1. Chiediti: questa parola/dono mi attrae a **Cristo** o alla **persona** che me lo fa?
2. Mettete alla prova ogni spirito con *1 Giovanni 4:1-3*.
3. Pentitevi di qualsiasi coinvolgimento in pratiche psichiche, occulte o profetiche contraffatte.
4. Rompere tutti i legami dell'anima con falsi profeti, indovini o istruttori di stregoneria (anche online).
5. Dichiarate con audacia:

"Rifiuto ogni spirito di menzogna. Appartengo solo a Gesù. Le mie orecchie sono sintonizzate sulla Sua voce!"

Domanda di gruppo

- Discussione: Hai mai seguito un profeta o una guida spirituale che poi si è rivelata falsa?
- Esercizio di gruppo: guidare i membri a rinunciare a pratiche specifiche come l'astrologia, la lettura dell'anima, i giochi psichici o gli influenzatori spirituali non radicati in Cristo.
- Invita lo Spirito Santo: concediti 10 minuti di silenzio e ascolto. Poi condividi ciò che Dio rivela, se qualcosa.
- Brucia o elimina oggetti digitali/fisici correlati alla divinazione, tra

cui libri, app, video o appunti.

Strumenti del ministero:

olio di liberazione, croce (simbolo di sottomissione), cestino/secchio per gettare via oggetti simbolici, musica di adorazione incentrata sullo Spirito Santo.

Intuizione chiave

Non tutto il soprannaturale proviene da Dio. La vera profezia scaturisce dall'intimità con Cristo, non dalla manipolazione o dallo spettacolo.

Diario di riflessione

- Mi sono mai sentito attratto da pratiche spirituali psichiche o manipolative?
- Sono più dipendente dalle "parole" che dalla Parola di Dio?
- Quali voci ho dato accesso a quelle che ora devono essere messe a tacere?

PREGHIERA DI LIBERAZIONE

Padre, non sono più d'accordo con ogni spirito di divinazione, manipolazione e profezia contraffatta. Mi pento di aver cercato una guida al di fuori della Tua voce. Purifica la mia mente, la mia anima e il mio spirito. Insegnami a camminare solo secondo il Tuo Spirito. Chiudo ogni porta che ho aperto all'occulto, consapevolmente o inconsapevolmente. Dichiaro che Gesù è il mio Pastore e che sento solo la Sua voce. Nel potente nome di Gesù, Amen.

GIORNO 6: LE PORTE DELL'OCCHIO – CHIUDERE I PORTALI DELL'OSCURITÀ

"L'occhio è la lampada del corpo; se i tuoi occhi sono sani, tutto il tuo corpo sarà illuminato."
— *Matteo 6:22 (NR)*

"Non porrò davanti ai miei occhi alcuna cosa malvagia..." — *Salmo 101:3 (NR)*

Nel regno spirituale, **i tuoi occhi sono porte.** Ciò che entra attraverso i tuoi occhi influenza la tua anima, in termini di purezza o contaminazione. Il nemico lo sa. Ecco perché media, immagini, pornografia, film horror, simboli occulti, tendenze della moda e contenuti seducenti sono diventati campi di battaglia.

La guerra per la tua attenzione è una guerra per la tua anima.

Ciò che molti considerano "intrattenimento innocuo" è spesso un invito in codice alla lussuria, alla paura, alla manipolazione, all'orgoglio, alla vanità, alla ribellione o persino all'attaccamento demoniaco.

Portali globali dell'oscurità visiva

- **Africa** – Film rituali, temi di Nollywood che normalizzano la stregoneria e la poligamia.
- **Asia** – Anime e manga con portali spirituali, spiriti seducenti, viaggi astrali.
- **Europa** – Moda gotica, film horror, ossessioni per i vampiri, arte satanica.
- **America Latina** – Telenovelas che glorificano la stregoneria, le maledizioni e la vendetta.
- **Nord America** – Media tradizionali, video musicali, pornografia, cartoni animati demoniaci "carini".

Diventiamo insensibili a ciò che fissiamo costantemente.

Storia: "Il cartone animato che ha maledetto mio figlio"

Una madre statunitense ha notato che il suo bambino di 5 anni aveva iniziato a urlare di notte e a disegnare immagini inquietanti. Dopo una preghiera, lo Spirito Santo le ha indicato un cartone animato che suo figlio guardava di nascosto, pieno di incantesimi, spiriti parlanti e simboli che lei non aveva notato.

Ha cancellato i programmi e ha unto la sua casa e i suoi schermi. Dopo diverse notti di preghiera di mezzanotte e Salmo 91, gli attacchi sono cessati e il bambino ha iniziato a dormire sonni tranquilli. Ora guida un gruppo di supporto che aiuta i genitori a proteggere i varchi visivi dei loro figli.

Piano d'azione: purificare la porta dell'occhio

1. Fai un **audit dei media** : cosa stai guardando? Stai leggendo? Stai scorrendo?
2. Annulla gli abbonamenti o le piattaforme che alimentano la tua carne anziché la tua fede.
3. Ungi i tuoi occhi e i tuoi schermi, dichiarando il Salmo 101:3.
4. Sostituisci la spazzatura con contributi divini: documentari, culto, puro intrattenimento.
5. Dichiarare:

"Non porrò davanti ai miei occhi nulla di vile. La mia visione appartiene a Dio."

Domanda di gruppo

- Sfida: digiuno di 7 giorni con Eye Gate: niente media tossici, niente scrolling inattivo.
- Condividi: Quali contenuti ti ha detto lo Spirito Santo di smettere di guardare?
- Esercizio: metti le mani sugli occhi e rinuncia a qualsiasi contaminazione attraverso la vista (ad esempio, pornografia, orrore, vanità).
- Attività: invita i membri a eliminare app, bruciare libri o scartare oggetti che compromettono la loro vista.

Strumenti: olio d'oliva, app di responsabilità, screensaver delle Scritture, biglietti di preghiera Eye Gate.

Intuizione chiave

Non puoi esercitare autorità sui demoni se ti divertono.

Diario di riflessione

- Cosa nutro i miei occhi che potrebbe alimentare l'oscurità nella mia vita?
- Quando è stata l'ultima volta che ho pianto per ciò che spezza il cuore di Dio?
- Ho dato allo Spirito Santo il pieno controllo sul tempo che trascorro davanti allo schermo?

Preghiera di Purezza

Signore Gesù, ti chiedo che il Tuo sangue lavi i miei occhi. Perdonami per le cose che ho permesso che entrassero attraverso i miei schermi, i miei libri e la mia immaginazione. Oggi, dichiaro che i miei occhi sono per la luce, non per l'oscurità. Respingo ogni immagine, desiderio e influenza che non provenga da Te. Purifica la mia anima. Custodisci il mio sguardo. E fammi vedere ciò che vedi Tu: in santità e verità. Amen.

GIORNO 7: IL POTERE DIETRO I NOMI — RINUNCIARE A IDENTITÀ PROFANE

"E Jabes invocò il Dio d'Israele, dicendo: «Oh, se tu mi benedicessi davvero...». Dio gli concesse quanto aveva chiesto."
— *1 Cronache 4:10*

"Non ti chiamerai più Abram, ma Abrahamo..." — *Genesi 17:5*

I nomi non sono solo etichette: sono dichiarazioni spirituali. Nelle Scritture, i nomi spesso riflettevano il destino, la personalità o persino la schiavitù. Dare un nome a qualcosa significa dargli un'identità e una direzione. Il nemico lo sa bene: ecco perché molte persone sono inconsapevolmente intrappolate sotto nomi dati nell'ignoranza, nel dolore o nella schiavitù spirituale.

Proprio come Dio cambiò i nomi (Abramo in Abramo, Giacobbe in Israele, Sarai in Sara), Egli cambia ancora i destini cambiando il nome del Suo popolo.

Contesti globali della schiavitù del nome

- **Africa** – Bambini che prendono il nome da antenati defunti o idoli ("Ogbanje," "Dike," " Ifunanya " legati a significati).
- **Asia** – Nomi di reincarnazione legati a cicli karmici o divinità.
- **Europa** – Nomi che affondano le radici nel paganesimo o nella stregoneria (ad esempio, Freya, Thor, Merlino).
- **America Latina** – Nomi influenzati dalla santeria, soprattutto attraverso i battesimi spirituali.
- **Nord America** : nomi tratti dalla cultura pop, dai movimenti ribelli o dalle dediche ancestrali.

I nomi sono importanti e possono portare potere, benedizione o schiavitù.
Storia: "Perché ho dovuto cambiare nome a mia figlia"

In *Greater Exploits 14*, una coppia nigeriana ha chiamato la figlia "Amaka", che significa "bella", ma la bambina soffriva di una rara malattia che aveva lasciato perplessi i medici. Durante una conferenza profetica, la madre ha ricevuto una rivelazione: il nome era stato usato un tempo da sua nonna, una strega, il cui spirito ora reclamava la bambina.

Le cambiarono il nome in " Oluwatamilore " (Dio mi ha benedetto), e seguirono digiuno e preghiere. La bambina guarì completamente.

Un altro caso dall'India ha coinvolto un uomo di nome "Karma", alle prese con maledizioni generazionali. Dopo aver rinunciato ai legami indù e cambiato il suo nome in "Jonathan", ha iniziato a sperimentare una svolta nella sua vita finanziaria e di salute.

Piano d'azione: indagare sul tuo nome

1. Cerca il significato completo dei tuoi nomi: nome, secondo nome, cognome.
2. Chiedi ai tuoi genitori o agli anziani perché ti hanno dato quei nomi.
3. Rinunciate ai significati spirituali negativi o alle dediche nella preghiera.
4. Dichiara la tua identità divina in Cristo:

"Sono chiamato con il nome di Dio. Il mio nuovo nome è scritto nei cieli" (Apocalisse 2:17).

COINVOLGIMENTO DI GRUPPO

- Chiedi ai membri: cosa significa il tuo nome? Hai mai fatto sogni che lo riguardano?
- Fate una "preghiera di assegnazione del nome", dichiarando profeticamente l'identità di ogni persona.
- Imporre le mani su coloro che hanno bisogno di liberarsi dai nomi legati ai patti o alla schiavitù ancestrale.

Strumenti: stampare biglietti con il significato dei nomi, portare l'olio dell'unzione, usare le scritture sui cambiamenti di nome.

Intuizione chiave

Non puoi camminare con la tua vera identità e allo stesso tempo rispondere a una falsa.

Diario di riflessione

- Cosa significa il mio nome, spiritualmente e culturalmente?
- Mi sento in sintonia con il mio nome o in conflitto con esso?
- Con quale nome mi chiama il cielo?

Preghiera di rinominazione

Padre, nel nome di Gesù, Ti ringrazio per avermi donato una nuova identità in Cristo. Rompo ogni maledizione, patto o legame demoniaco legato ai miei nomi. Rinuncio a ogni nome che non sia in linea con la Tua volontà. Ricevo il nome e l'identità che il cielo mi ha dato, pieni di potere, scopo e purezza. Nel nome di Gesù, Amen.

GIORNO 8: SMASCHERARE LA FALSA LUCE — TRAPPOLE NEW AGE E INGANNI ANGELICI

"*E non c'è da meravigliarsi! Perché Satana stesso si traveste da angelo di luce.*" — 2 Corinzi 11:14

"*Carissimi, non credete a ogni spirito, ma mettete alla prova gli spiriti per sapere se provengono da Dio...*" — 1 Giovanni 4:1

Non tutto ciò che brilla è Dio.

Nel mondo odierno, un numero crescente di persone cerca "luce", "guarigione" ed "energia" al di fuori della Parola di Dio. Si rivolgono alla meditazione, agli altari yoga, alle attivazioni del terzo occhio, alle evocazioni ancestrali, alle letture dei tarocchi, ai rituali lunari, alla canalizzazione angelica e persino al misticismo di stampo cristiano. L'inganno è forte perché spesso si accompagna a pace, bellezza e potere, almeno all'inizio.

Ma dietro questi movimenti si celano spiriti divinatori, false profezie e antiche divinità che indossano la maschera della luce per ottenere accesso legale alle anime delle persone.

Portata globale della falsa luce

- **Nord America** – Cristalli, purificazione con la salvia, legge di attrazione, sensitivi, codici di luce alieni.
- **Europa** – Paganesimo ribattezzato, culto della dea, stregoneria bianca, feste spirituali.
- **America Latina** – Santeria mescolata a santi cattolici e guaritori spiritisti (curanderos).
- **Africa** – Contraffazioni profetiche che utilizzano altari angelici e acqua rituale.
- **Asia** – Chakra, "illuminazione" yoga, consulenza sulla

reincarnazione, spiriti del tempio.

Queste pratiche possono offrire una "luce" temporanea, ma col tempo oscurano l'anima.

Testimonianza: Liberazione dalla Luce che ha ingannato

partecipato *a Greater Exploits 14* , aveva iniziato a frequentare workshop sugli angeli e a praticare la meditazione "cristiana" con incenso, cristalli e carte angeliche. Credeva di aver accesso alla luce di Dio, ma presto iniziò a sentire voci durante il sonno e a provare una paura inspiegabile di notte.

La sua liberazione iniziò quando qualcuno le regalò *"The Jameses Exchange"* , e lei si rese conto delle somiglianze tra le sue esperienze e quelle di un ex satanista che parlava di inganni angelici. Si pentì, distrusse tutti gli oggetti occulti e si sottomise a preghiere di liberazione complete.

Oggi testimonia con coraggio contro l'inganno New Age nelle chiese e ha aiutato altre persone ad abbandonare percorsi simili.

Piano d'azione – Mettere alla prova gli spiriti

1. **Fai un inventario delle tue pratiche e credenze** : sono in linea con le Scritture o ti sembrano semplicemente spirituali?
2. **Rinunciate e distruggete** tutti i materiali di falsa luce: cristalli, manuali di yoga, carte degli angeli, acchiappasogni, ecc.
3. **Prega il Salmo 119:105** : chiedi a Dio di fare della Sua Parola la tua unica luce.
4. **Dichiara guerra alla confusione** : vincola gli spiriti familiari e le false rivelazioni.

DOMANDA DI GRUPPO

- **Discussione** : Tu o qualcuno che conosci è mai stato coinvolto in pratiche "spirituali" che non erano incentrate su Gesù?
- **Discernimento nel gioco di ruolo** : leggi estratti di detti "spirituali" (ad esempio, "Abbi fiducia nell'universo") e confrontali con le Scritture.

- **Sessione di unzione e liberazione** : Rompere gli altari alla falsa luce e sostituirli con un patto con la *Luce del mondo* (Giovanni 8:12).

Strumenti del Ministero :

- Portate oggetti New Age autentici (o foto di essi) per l'insegnamento tramite oggetti.
- Offrire una preghiera di liberazione contro gli spiriti familiari (vedere Atti 16:16–18).

Intuizione chiave
L'arma più pericolosa di Satana non è l'oscurità, ma la luce contraffatta.
Diario di riflessione

- Ho aperto porte spirituali attraverso insegnamenti "leggeri" non radicati nelle Scritture?
- Confido nello Spirito Santo o nell'intuizione e nell'energia?
- Sono disposto ad abbandonare ogni forma di falsa spiritualità per la verità di Dio?

PREGHIERA DI RINUNCIA

Padre , mi pento di ogni modo in cui ho intrattenuto o interagito con la falsa luce. Rinuncio a ogni forma di New Age, stregoneria e spiritualità ingannevole. Rompo ogni legame dell'anima con impostori angelici, guide spirituali e false rivelazioni. Accolgo Gesù, la vera Luce del mondo. Dichiaro che non seguirò altra voce se non la Tua, nel nome di Gesù. Amen.

GIORNO 9: L'ALTARE DEL SANGUE — PATTI CHE RICHIEDONO UNA VITA

"*E costruirono gli alti luoghi di Baal... per far passare i loro figli e le loro figlie attraverso il fuoco in onore di Molec.*" — Geremia 32:35

"*E lo vinsero per mezzo del sangue dell'Agnello e con la parola della loro testimonianza...*" — Apocalisse 12:11

Ci sono altari che non richiedono solo la tua attenzione, ma anche il tuo sangue.

Dai tempi antichi fino ai giorni nostri, i patti di sangue sono stati una pratica fondamentale del regno delle tenebre. Alcuni vengono stipulati consapevolmente attraverso la stregoneria, l'aborto, gli omicidi rituali o le iniziazioni occulte. Altri vengono ereditati attraverso pratiche ancestrali o stipulati inconsapevolmente attraverso l'ignoranza spirituale.

Ovunque venga versato sangue innocente, che sia nei santuari, nelle camere da letto o nelle sale riunioni, un altare demoniaco parla.

Questi altari mietono vite, stroncano destini e creano un terreno legale per l'afflizione demoniaca.

Altari globali del sangue

- **Africa** – Omicidi rituali, rituali basati sul denaro, sacrifici di bambini, patti di sangue alla nascita.
- **Asia** – Offerte di sangue al tempio, maledizioni familiari attraverso l'aborto o giuramenti di guerra.
- **America Latina** – Sacrifici animali della Santeria, offerte di sangue agli spiriti dei morti.
- **Nord America** – Ideologia dell'aborto come sacramento, confraternite demoniache basate sul giuramento di sangue.
- **Europa** – Antichi riti druidici e massonici, altari sanguinari

dell'epoca della seconda guerra mondiale ancora impenitenti.

Questi patti, se non vengono infranti, continuano a mietere vittime, spesso ciclicamente.

Storia vera: il sacrificio di un padre

In *"Liberata dal potere delle tenebre"*, una donna dell'Africa centrale scoprì durante una sessione di liberazione che i suoi frequenti incontri con la morte erano collegati a un giuramento di sangue fatto da suo padre, che le aveva promesso la vita in cambio di ricchezza dopo anni di infertilità.

Dopo la morte del padre, iniziò a vedere ombre e ad avere incidenti quasi mortali ogni anno, nel giorno del suo compleanno. La svolta arrivò quando fu spinta a recitare su se stessa ogni giorno il Salmo 118:17 – *"Non morirò, ma vivrò..."*, seguito da una serie di preghiere di rinuncia e digiuni. Oggi guida un potente ministero di intercessione.

Un altro racconto tratto da *Greater Exploits 14* descrive un uomo in America Latina che partecipò a un'iniziazione a una gang che prevedeva spargimento di sangue. Anni dopo, anche dopo aver accettato Cristo, la sua vita era in continuo tumulto, finché non ruppe il patto di sangue attraverso un lungo digiuno, una confessione pubblica e il battesimo in acqua. Il tormento cessò.

Piano d'azione – Mettere a tacere gli altari del sangue

1. **Pentitevi** di ogni aborto, patti di sangue occulti o spargimento di sangue ereditato.
2. **Rinuncia** a tutti i patti di sangue conosciuti e sconosciuti, ad alta voce e per nome.
3. **Digiuna per 3 giorni** e ricevi la comunione ogni giorno, dichiarando che il sangue di Gesù è la tua copertura legale.
4. **Dichiarare ad alta voce** :

"Per mezzo del sangue di Gesù, rompo ogni patto di sangue stipulato per me. Sono redento!"

DOMANDA DI GRUPPO

- Discutere la differenza tra legami di sangue naturali e patti di sangue demoniaci.
- Utilizzate un nastro/filo rosso per rappresentare gli altari del sangue e delle forbici per tagliarli profeticamente.
- Invita qualcuno a testimoniare chi si è liberato dalla schiavitù del sangue.

Strumenti del Ministero :

- Elementi della comunione
- Olio per l'unzione
- Dichiarazioni di liberazione
- Se possibile, visuale della rottura dell'altare a lume di candela

Intuizione chiave

Satana commercia in sangue. Gesù ha pagato troppo per la tua libertà con la Sua.

Diario di riflessione

- Io o la mia famiglia abbiamo partecipato a qualcosa che ha comportato spargimenti di sangue o giuramenti?
- Ci sono decessi ricorrenti, aborti spontanei o comportamenti violenti nella mia linea di sangue?
- Ho avuto piena fiducia che il sangue di Gesù avrebbe parlato più forte nella mia vita?

Preghiera di liberazione

Signore Gesù , Ti ringrazio per il Tuo prezioso sangue che parla meglio del sangue di Abele. Mi pento di ogni patto di sangue che io o i miei antenati abbiamo stipulato, consapevolmente o inconsapevolmente. Vi rinuncio ora. Dichiaro di essere coperto dal sangue dell'Agnello. Che ogni altare demoniaco che esige la mia vita sia messo a tacere e distrutto. Vivo perché Tu sei morto per me. Nel nome di Gesù, Amen.

GIORNO 10: STERILITÀ E SPEZZATURA — QUANDO L'UTERO DIVENTA UN CAMPO DI BATTAGLIA

"*Nessuna donna abortirà né sarà sterile nel tuo paese; io completerò il numero dei tuoi giorni.*" — Esodo 23:26

"*Egli dà una famiglia alla sterile, rendendola una madre felice. Lodate il Signore!*" — Salmo 113:9

L'infertilità è più di un problema medico. Può essere una roccaforte spirituale radicata in profonde battaglie emotive, ancestrali e persino territoriali.

In tutte le nazioni, la sterilità viene sfruttata dal nemico per umiliare, isolare e distruggere donne e famiglie. Mentre alcune cause sono fisiologiche, molte sono profondamente spirituali, legate ad altari generazionali, maledizioni, sposi spirituali, destini abortiti o ferite dell'anima.

Dietro ogni grembo infecondo, il cielo ha una promessa. Ma spesso c'è una lotta che deve essere combattuta prima del concepimento, nel grembo materno e nello spirito.

Modelli globali di sterilità

- **Africa** – Collegata alla poligamia, alle maledizioni ancestrali, ai patti dei santuari e ai bambini spirituali.
- **Asia** – Credenze karmiche, voti di vite passate, maledizioni generazionali, cultura della vergogna.
- **America Latina** – Chiusura dell'utero indotta dalla stregoneria, incantesimi di invidia.
- **Europa** – Eccessiva dipendenza dalla fecondazione in vitro, sacrifici di bambini da parte della Massoneria, senso di colpa per l'aborto.
- **Nord America** – Traumi emotivi, ferite dell'anima, cicli di aborto

spontaneo, farmaci che alterano gli ormoni.

STORIE VERE: DALLE lacrime alle testimonianze
Maria dalla Bolivia (America Latina)

Maria aveva avuto cinque aborti spontanei. Ogni volta, sognava di tenere in braccio un bambino che piangeva e poi di vedere sangue la mattina dopo. I medici non riuscivano a spiegare la sua condizione. Dopo aver letto una testimonianza su *Greater Exploits*, si rese conto di aver ereditato un altare di sterilità di famiglia da una nonna che aveva dedicato tutti gli uteri femminili a una divinità locale.

Digiunciò e recitò il Salmo 113 per 14 giorni. Il suo pastore la guidò a rompere il patto con la comunione. Nove mesi dopo, diede alla luce due gemelli.

Ngozi dalla Nigeria (Africa)

Ngozi era sposata da 10 anni senza figli. Durante le preghiere di liberazione, le fu rivelato che era stata sposata nel regno spirituale con un marine. A ogni ciclo ovulatorio, faceva sogni erotici. Dopo una serie di preghiere di guerra di mezzanotte e un atto profetico, bruciando la fede nuziale di una passata iniziazione occulta, il suo grembo si aprì.

Piano d'azione – Aprire l'utero

1. **Identificare la radice** : ancestrale, emotiva, coniugale o medica.
2. **Pentitevi degli aborti passati**, dei legami dell'anima, dei peccati sessuali e delle dediche occulte.
3. **Ungi il tuo grembo ogni giorno** mentre reciti Esodo 23:26 e Salmo 113.
4. **Digiuna per 3 giorni** e ricevi la comunione ogni giorno, rifiutando tutti gli altari legati al tuo grembo.
5. **Parla ad alta voce** :

Il mio grembo è benedetto. Rifiuto ogni patto di sterilità. Concepirò e porterò a termine la mia gravidanza per mezzo dello Spirito Santo!

Domanda di gruppo

- Invita le donne (e le coppie) a condividere il peso del ritardo in uno spazio sicuro e di preghiera.
- Usate sciarpe o panni rossi legati intorno alla vita e poi slegati profeticamente in segno di libertà.
- Condurre una cerimonia profetica di "assegnazione del nome" — dichiarare per fede i bambini che devono ancora nascere.
- Rompere le maledizioni verbali, la vergogna culturale e l'odio verso se stessi nei circoli di preghiera.

Strumenti del Ministero:

- Olio d'oliva (ungere gli uteri)
- Comunione
- Mantelli/scialli (simbolo di copertura e novità)

Intuizione chiave

La sterilità non è la fine: è un invito alla guerra, alla fede e alla restaurazione. Il ritardo di Dio non è una negazione.

Diario di riflessione

- Quali ferite emotive o spirituali sono legate al mio grembo?
- Ho permesso alla vergogna o all'amarezza di sostituire la mia speranza?
- Sono disposto ad affrontare le cause profonde con fede e azione?

Preghiera di guarigione e concepimento

Padre, mi attengo alla Tua Parola che dice che nessuno sarà sterile sulla terra. Respingo ogni menzogna, ogni altare e ogni spirito che mi impedisca di essere fecondo. Perdono me stesso e coloro che hanno parlato male del mio corpo. Ricevo guarigione, ristoro e vita. Dichiaro il mio grembo fecondo e la mia gioia piena. Nel nome di Gesù. Amen.

GIORNO 11: MALATTIE AUTOIMMUNI E STANCHEZZA CRONICA: LA GUERRA INVISIBILE INTERIORE

"*Una casa divisa in se stessa non potrà reggere.*" — Matteo 12:25
"*Egli dà forza allo debole, e accresce il vigore a colui che è spossato.*" — Isaia 40:29

Le malattie autoimmuni sono quelle in cui l'organismo attacca se stesso, scambiando le proprie cellule per nemiche. Lupus, artrite reumatoide, sclerosi multipla, tiroidite di Hashimoto e altre rientrano in questo gruppo.

La sindrome da stanchezza cronica (CFS), la fibromialgia e altri disturbi da esaurimento inspiegabili spesso si sovrappongono a problemi autoimmuni. Ma oltre al problema biologico, molti di coloro che ne soffrono portano con sé traumi emotivi, ferite dell'anima e fardelli spirituali.

Il corpo chiede a gran voce non solo medicine, ma anche pace. Molti sono in guerra dentro di loro.

Sguardo globale

- **Africa** – Aumento delle diagnosi di malattie autoimmuni legate a traumi, inquinamento e stress.
- **Asia** – Elevati tassi di disturbi della tiroide legati alla repressione ancestrale e alla cultura della vergogna.
- **Europa e America** – Epidemia di stanchezza cronica e burnout dovuta a una cultura orientata alle prestazioni.
- **America Latina** – I malati spesso ricevono diagnosi errate; stigma e attacchi spirituali attraverso la frammentazione dell'anima o maledizioni.

Radici spirituali nascoste

- **Odio o vergogna per se stessi** : sentirsi "non abbastanza bravi".
- **Mancanza di perdono verso se stessi o verso gli altri** : il sistema immunitario imita la condizione spirituale.
- **Il dolore non elaborato o il tradimento** aprono le porte alla stanchezza dell'anima e al crollo fisico.
- **Frecce di stregoneria o di gelosia** : usate per prosciugare la forza spirituale e fisica.

Storie vere – Battaglie combattute nell'oscurità
Elena dalla Spagna.

A Elena è stato diagnosticato il lupus dopo una lunga relazione violenta che l'ha lasciata emotivamente distrutta. In terapia e preghiera, è emerso che aveva interiorizzato l'odio, credendo di non valere nulla. Quando ha iniziato a perdonare se stessa e ad affrontare le ferite dell'anima con la Scrittura, le sue riacutizzazioni si sono ridotte drasticamente. Testimonia il potere curativo della Parola e della purificazione dell'anima.

James dagli Stati Uniti

James, un dirigente aziendale motivato, è crollato a causa della CFS dopo 20 anni di stress continuo. Durante la liberazione, è emerso che una maledizione generazionale di sforzi senza sosta affliggeva gli uomini della sua famiglia. Entrò in un periodo di riposo, preghiera e confessione, e trovò il recupero non solo della salute, ma anche della propria identità.

Piano d'azione – Guarigione dell'anima e del sistema immunitario

1. **Prega ad alta voce il Salmo 103:1-5** ogni mattina, in particolare i versetti 3-5.
2. **Elenca le tue convinzioni più profonde** : cosa dici a te stesso? Sfata le bugie.
3. **Perdona profondamente** , soprattutto te stesso.
4. **Prendere la comunione** per ripristinare il patto del corpo — vedere Isaia 53.
5. **Riposa in Dio** : il sabato non è facoltativo, è una lotta spirituale contro il burnout.

Dichiaro che il mio corpo non è mio nemico. Ogni cellula in me si allineerà con l'ordine e la pace divini. Ricevo la forza e la guarigione di Dio.

Domanda di gruppo

- Chiedere ai membri di condividere i modelli di stanchezza o di esaurimento emotivo che nascondono.
- Fai un esercizio di "svuotamento dell'anima": scrivi i tuoi fardelli e poi bruciali o seppelliscili simbolicamente.
- Imponi le mani su coloro che soffrono di sintomi autoimmuni; ordina equilibrio e pace.
- Incoraggiate a tenere un diario settimanale sui fattori scatenanti emotivi e sulle Scritture di guarigione.

Strumenti del Ministero:

- Oli essenziali o unzione profumata per rinfrescarsi
- Diari o blocchi per appunti
- Colonna sonora della meditazione del Salmo 23

Intuizione chiave

Ciò che attacca l'anima spesso si manifesta nel corpo. La guarigione deve avvenire dall'interno verso l'esterno.

Diario di riflessione

- Mi sento al sicuro nel mio corpo e nei miei pensieri?
- Sto nutrendo vergogna o colpa per fallimenti o traumi passati?
- Cosa posso fare per iniziare a onorare il riposo e la pace come pratiche spirituali?

Preghiera di Restaurazione

Signore Gesù, Tu sei il mio Guaritore. Oggi rifiuto ogni bugia che mi dice che sono rotto, sporco o condannato. Perdono me stesso e gli altri. Benedico ogni cellula del mio corpo. Ricevo pace nella mia anima e allineamento nel mio sistema immunitario. Per le Tue piaghe, sono guarito. Amen.

GIORNO 12: EPILESSIA E TORMENTO MENTALE — QUANDO LA MENTE DIVENTA UN CAMPO DI BATTAGLIA

"*Signore, abbi pietà di mio figlio, perché è lunatico e soffre molto; spesso infatti cade nel fuoco e spesso nell'acqua.*" — Matteo 17:15

"*Dio non ci ha dato uno spirito di timidezza, ma di forza, di amore e di autocontrollo.*" — 2 Timoteo 1:7

Alcune afflizioni non sono solo di natura medica: sono campi di battaglia spirituali mascherati da malattia.

Epilessia, convulsioni, schizofrenia, episodi bipolari e schemi di tormento mentale hanno spesso radici invisibili. Sebbene i farmaci abbiano un ruolo, il discernimento è fondamentale. In molti resoconti biblici, convulsioni e attacchi mentali erano il risultato dell'oppressione demoniaca.

La società moderna medica ciò che Gesù spesso *rigettava*.

Realtà globale

- **Africa** – Le crisi convulsive sono spesso attribuite a maledizioni o spiriti ancestrali.
- **Asia** – Gli epilettici spesso si nascondono a causa della vergogna e dello stigma spirituale.
- **America Latina** – La schizofrenia è legata alla stregoneria generazionale o alle chiamate interrotte.
- **Europa e Nord America** – La diagnosi eccessiva e l'uso eccessivo di farmaci spesso mascherano cause demoniache profonde.

Storie vere – Liberazione nel fuoco
Musa della Nigeria settentrionale

Musa soffriva di crisi epilettiche fin dall'infanzia. La sua famiglia aveva provato di tutto, dai medici nativi alle preghiere in chiesa. Un giorno, durante una cerimonia di liberazione, lo Spirito rivelò che il nonno di Musa lo aveva offerto in uno scambio di stregoneria. Dopo aver infranto il patto e aver ricevuto l'unzione, non ebbe più crisi epilettiche.

Daniel dal Perù

A cui è stato diagnosticato un disturbo bipolare, Daniel ha lottato contro sogni e voci violente. In seguito ha scoperto che suo padre era coinvolto in rituali satanici segreti in montagna. Preghiere di liberazione e un digiuno di tre giorni hanno portato chiarezza. Le voci sono cessate. Oggi Daniel è calmo, ristabilito e si sta preparando per il ministero.

Segnali da tenere d'occhio

- Episodi ripetuti di crisi convulsive senza causa neurologica nota.
- Voci, allucinazioni, pensieri violenti o suicidi.
- Perdita di tempo o di memoria, paura inspiegabile o attacchi fisici durante la preghiera.
- Modelli familiari di follia o suicidio.

Piano d'azione: assumere il controllo della mente

1. **Pentitevi di tutti i legami occulti, traumi o maledizioni conosciuti.**
2. **Ogni giorno imponi le mani sul tuo capo, facendo testimonianza di una mente sana (2 Timoteo 1:7).**
3. **Digiuna e prega per gli spiriti che legano la mente.**
4. **Infrangi giuramenti ancestrali, dediche o maledizioni legate alla stirpe.**
5. **Se possibile, unisciti a un valido compagno di preghiera o a un gruppo di liberazione.**

Respingo ogni spirito di tormento, di convulsione e di confusione. Ricevo una mente sana ed emozioni stabili nel nome di Gesù!

Ministero di gruppo e applicazione

- Identificare modelli familiari di malattie mentali o crisi epilettiche.
- Pregate per coloro che soffrono: usate l'olio dell'unzione sulla fronte.
- Fate camminare degli intercessori per la stanza dicendo: "Pace, calma!" (Marco 4:39)
- Invitare le persone colpite a rompere gli accordi verbali: "Non sono pazzo. Sono guarito e intero".

Strumenti del Ministero:

- Olio per l'unzione
- Carte di dichiarazione di guarigione
- Musica di culto che promuove la pace e l'identità

Intuizione chiave

Non tutte le afflizioni sono solo fisiche. Alcune affondano le radici in antichi patti e in basi legali demoniache che devono essere affrontate spiritualmente.

Diario di riflessione

- Mi è mai capitato di essere tormentato nei pensieri o nel sonno?
- Ci sono traumi non guariti o porte spirituali che devo chiudere?
- Quale verità posso dichiarare ogni giorno per ancorare la mia mente alla Parola di Dio?

Preghiera di solidità

Signore Gesù, Tu sei il Riparatore della mia mente. Rinuncio a ogni patto, trauma o spirito demoniaco che attacca il mio cervello, le mie emozioni e la mia chiarezza. Ricevo guarigione e una mente sana. Decreto che vivrò e non morirò. Funzionerò in piena forza, nel nome di Gesù. Amen.

GIORNO 13: SPIRITO DELLA PAURA — ROMPERE LA GABBIA DEL TORMENTO INVISIBILE

"*Dio infatti non ci ha dato uno spirito di timidezza, ma di forza, di amore e di autocontrollo.*" — 2 Timoteo 1:7

"*La paura ha tormento...*" — 1 Giovanni 4:18

La paura non è solo un'emozione: può essere uno *spirito*.

Sussurra il fallimento prima ancora di iniziare. Esagera il rifiuto. Paralizza gli obiettivi. Paralizza le nazioni.

Molti si trovano in prigioni invisibili costruite dalla paura: paura della morte, del fallimento, della povertà, delle persone, della malattia, della guerra spirituale e dell'ignoto.

Dietro molti attacchi d'ansia, disturbi di panico e fobie irrazionali si nasconde un compito spirituale inviato per **neutralizzare i destini**.

Manifestazioni globali

- **Africa** – Paura radicata in maledizioni generazionali, ritorsioni ancestrali o reazioni negative alla stregoneria.
- **Asia** – Vergogna culturale, paura karmica, ansie legate alla reincarnazione.
- **America Latina** – Paura delle maledizioni, delle leggende dei villaggi e delle ritorsioni spirituali.
- **Europa e Nord America** – Ansia nascosta, disturbi diagnosticati, paura del confronto, del successo o del rifiuto, spesso spirituali ma etichettati come psicologici.

Storie vere – Smascherare lo spirito
Sarah dal Canada

Per anni, Sarah non è riuscita a dormire al buio. Sentiva sempre una presenza nella stanza. I medici le avevano diagnosticato ansia, ma nessun trattamento aveva funzionato. Durante una sessione di liberazione online, è emerso che una paura infantile aveva aperto la porta a uno spirito tormentatore attraverso un incubo e un film dell'orrore. Si è pentita, ha rinunciato alla paura e gli ha ordinato di andarsene. Ora dorme in pace.

Uche dalla Nigeria

Uche fu chiamato a predicare, ma ogni volta che si presentava al pubblico, si bloccava. La paura era innaturale: soffocava, paralizzava. In preghiera, Dio gli mostrò una parola maledetta pronunciata da un insegnante che aveva deriso la sua voce da bambino. Quella parola formò una catena spirituale. Una volta spezzata, iniziò a predicare con audacia.

Piano d'azione: superare la paura

1. **Confessa ogni paura per nome** : "Rinuncio alla paura di [_____] nel nome di Gesù".
2. **Leggi ad alta voce il Salmo 27 e Isaia 41 ogni giorno.**
3. **Adorate finché la pace non sostituirà il panico.**
4. **Distaccatevi dai media basati sulla paura: film horror, notizie, pettegolezzi.**
5. **Dichiara ogni giorno** : "Ho una mente sana. Non sono schiavo della paura".

Applicazione di gruppo – Community Breakthrough

- Chiedi ai membri del gruppo: quale paura ti ha paralizzato di più?
- Dividetevi in piccoli gruppi e guidate preghiere di **rinuncia** e **sostituzione** (ad esempio, paura → audacia, ansia → fiducia).
- Chiedete a ogni persona di scrivere una paura e di bruciarla come atto profetico.
- Utilizzare *l'olio dell'unzione* e *le confessioni bibliche* l'uno sull'altro.

Strumenti del Ministero:

- Olio per l'unzione

- Schede di dichiarazione delle Scritture
- Canto di adorazione: "No Longer Slaves" dei Bethel

Intuizione chiave
La paura tollerata è **una fede contaminata** .
Non puoi essere audace e timoroso allo stesso tempo: scegli l'audacia.
Diario di riflessione

- Quale paura mi accompagna fin dall'infanzia?
- In che modo la paura ha influenzato le mie decisioni, la mia salute o le mie relazioni?
- Cosa farei diversamente se fossi completamente libero?

Preghiera di liberazione dalla paura
Padre , rinuncio allo spirito di paura. Chiudo ogni porta attraverso traumi, parole o peccati che hanno dato accesso alla paura. Ricevo lo Spirito di potenza, amore e una mente sana. Dichiaro audacia, pace e vittoria nel nome di Gesù. La paura non ha più posto nella mia vita. Amen.

GIORNO 14: SEGNI SATANICI — CANCELLARE IL MARCHIO EMPIO

"*D'ora in poi nessuno mi dia molestia, perché io porto nel mio corpo le stigmate del Signore Gesù.*" — Galati 6:17

"*Metteranno il mio nome sui figli d'Israele, e io li benedirò.*" — Numeri 6:27
segnati silenziosamente nel regno spirituale, non da Dio, ma dal nemico.

Questi segni satanici possono manifestarsi sotto forma di strani segni sul corpo, sogni di tatuaggi o marchi a fuoco, abusi traumatici, rituali di sangue o altari ereditati. Alcuni sono invisibili – percepibili solo attraverso la sensibilità spirituale – mentre altri si manifestano come segni fisici, tatuaggi demoniaci, marchi a fuoco spirituali o infermità persistenti.

Quando una persona viene marchiata dal nemico, può sperimentare:

- Rifiuto e odio costanti senza motivo.
- Attacchi e blocchi spirituali ripetuti.
- Morte prematura o crisi di salute a una certa età.
- Essere rintracciati nello spirito, sempre visibili all'oscurità.

Questi marchi funzionano come *etichette legali*, dando agli spiriti oscuri il permesso di tormentare, ritardare o monitorare.

Ma il sangue di Gesù **purifica** e **rigenera**.

Espressioni globali

- **Africa** – Segni tribali, tagli rituali, cicatrici di iniziazione occulta.
- **Asia** – Sigilli spirituali, simboli ancestrali, segni karmici.
- **America Latina** – Brujeria (stregoneria): segni di iniziazione, segni di nascita usati nei rituali.
- **Europa** – Emblemi della Massoneria, tatuaggi che invocano le guide

spirituali.
- **Nord America** – Simboli New Age, tatuaggi rituali di abusi, marchi demoniaci attraverso patti occulti.

Storie vere: il potere del rebranding
David dall'Uganda

Davide subì costantemente rifiuti. Nessuno riusciva a spiegarne il motivo, nonostante il suo talento. In preghiera, un profeta vide una "X spirituale" sulla sua fronte, un segno di un rituale infantile compiuto da un sacerdote del villaggio. Durante la liberazione, il segno fu spiritualmente cancellato attraverso l'olio dell'unzione e le dichiarazioni sul sangue di Gesù. La sua vita cambiò nel giro di poche settimane: si sposò, trovò un lavoro e divenne un animatore giovanile.

Sandra dal Brasile

Sandra aveva un tatuaggio di drago a causa della sua ribellione adolescenziale. Dopo aver donato la sua vita a Cristo, avvertiva intensi attacchi spirituali ogni volta che digiunava o pregava. Il suo pastore capì che il tatuaggio era un simbolo demoniaco legato al monitoraggio degli spiriti. Dopo una sessione di pentimento, preghiera e guarigione interiore, fece rimuovere il tatuaggio e spezzò il legame con l'anima. I suoi incubi cessarono immediatamente.

Piano d'azione: cancella il segno

1. **Chiedi allo Spirito Santo** di rivelarti eventuali segni spirituali o fisici presenti nella tua vita.
2. **Pentitevi** di qualsiasi coinvolgimento personale o ereditario nei rituali che li hanno consentiti.
3. **Applica il sangue di Gesù** sul tuo corpo: fronte, mani, piedi.
4. **Rompere gli spiriti di controllo, i legami dell'anima e i diritti legali** legati ai marchi (vedere le scritture sotto).
5. **Rimuovere tatuaggi fisici o oggetti** (come quelli guidati) che sono collegati a patti oscuri.

Domanda di gruppo – Rebranding in Cristo

- Chiedi ai membri del gruppo: avete mai avuto un marchio o sognato di essere marchiati?
- Guida una preghiera di **purificazione e di riconsacrazione** a Cristo.
- Ungetevi la fronte con olio e dichiarate: *"Ora portate il marchio del Signore Gesù Cristo".*
- Smettete di monitorare gli spiriti e riprogrammate la loro identità in Cristo.

Strumenti del Ministero:

- Olio d'oliva (benedetto per l'unzione)
- Specchio o panno bianco (atto simbolico di lavaggio)
- Comunione (sigillo della nuova identità

Intuizione chiave

Ciò che è segnato nello spirito si **vede nello spirito** : rimuovi ciò che il nemico ha usato per etichettarti.

Diario di riflessione

- Ho mai visto strani segni, lividi o simboli sul mio corpo senza spiegazione?
- Ci sono oggetti, piercing o tatuaggi a cui devo rinunciare o che devo rimuovere?
- Ho ridedicato pienamente il mio corpo come tempio dello Spirito Santo?

Preghiera di Rebranding

Signore Gesù , rinuncio a ogni marchio, patto e dedizione fatti nel mio corpo o spirito al di fuori della Tua volontà. Con il Tuo sangue, cancello ogni marchio satanico. Dichiaro di essere segnato solo per Cristo. Lascia che il Tuo sigillo di proprietà sia su di me e che ogni spirito che mi sorveglia perda le tracce. Non sono più visibile all'oscurità. Cammino libero – nel nome di Gesù, Amen.

GIORNO 15: IL REGNO DELLO SPECCHIO — FUGGIRE DALLA PRIGIONE DEI RIFLESSI

"*Perché ora vediamo come in uno specchio, in modo oscuro; ma allora vedremo a faccia a faccia...*" — 1 Corinzi 13:12

"*Hanno occhi e non vedono, hanno orecchi e non odono...*" — Salmo 115:5–6

Esiste un **regno degli specchi** nel mondo spirituale, un luogo di *identità contraffatte*, manipolazione spirituale e riflessi oscuri. Ciò che molti vedono nei sogni o nelle visioni potrebbe non essere uno specchio di Dio, ma uno strumento di inganno proveniente dal regno delle tenebre.

Nell'occulto, gli specchi vengono usati per **intrappolare le anime**, **monitorare vite** o **trasferire personalità**. In alcune sessioni di liberazione, le persone riferiscono di vedersi "vivere" in un altro luogo: dentro uno specchio, su uno schermo o dietro un velo spirituale. Queste non sono allucinazioni. Sono spesso prigioni sataniche progettate per:

- Frammentare l'anima
- Ritardare il destino
- Confondere l'identità
- Ospita linee temporali spirituali alternative

L'obiettivo? Creare una *falsa versione* di te che vive sotto il controllo demoniaco, mentre il tuo vero io vive nella confusione o nella sconfitta.

Espressioni globali

- **Africa** — La stregoneria dello specchio usata dagli stregoni per monitorare, intrappolare o attaccare.
- **Asia** — Gli sciamani usano ciotole d'acqua o pietre levigate per

"vedere" ed evocare gli spiriti.
- **Europa** – Rituali dello specchio nero, negromanzia attraverso i riflessi.
- **America Latina** – La divinazione attraverso gli specchi di ossidiana nelle tradizioni azteche.
- **Nord America** – Portali specchio New Age, osservazione dello specchio per viaggi astrali.

Testimonianza — "La ragazza allo specchio"
Maria dalle Filippine

Maria sognava di essere intrappolata in una stanza piena di specchi. Ogni volta che faceva progressi nella vita, vedeva una versione di sé stessa nello specchio che la tirava indietro. Una notte, durante la liberazione, urlò e descrisse di essersi vista "uscire da uno specchio" verso la libertà. Il suo pastore le unse gli occhi e la guidò a rinunciare alla manipolazione dello specchio. Da allora, la sua lucidità mentale, la sua attività e la sua vita familiare sono cambiate.

David dalla Scozia

David, un tempo immerso nella meditazione New Age, praticava il "lavoro dell'ombra dello specchio". Col tempo, iniziò a sentire voci e a vedersi fare cose che non aveva mai voluto. Dopo aver accettato Cristo, un ministro di liberazione spezzò i legami dell'anima dello specchio e pregò sulla sua mente. David riferì di essersi sentito come se una "nebbia si fosse diradata" per la prima volta dopo anni.

Piano d'azione: spezzare l'incantesimo dello specchio

1. **Rinunciate** a ogni coinvolgimento, noto o sconosciuto, con gli specchi usati a scopo spirituale.
2. **Copri tutti gli specchi della tua casa** con un panno durante la preghiera o il digiuno (se guidato).
3. **Ungi i tuoi occhi e la tua fronte** : dichiara che ora vedi solo ciò che vede Dio.
4. **Utilizza la Scrittura** per dichiarare la tua identità in Cristo, non in una falsa riflessione:
    - *Isaia 43:1*
    - *2 Corinzi 5:17*

- *Giovanni 8:36*

APPLICAZIONE DI GRUPPO – Ripristino dell'identità

- Chiedi: hai mai fatto sogni in cui c'erano specchi, doppi o in cui eri osservato?
- Guida una preghiera per il recupero dell'identità, dichiarando la tua libertà dalle false versioni di te stesso.
- Imporre le mani sugli occhi (simbolicamente o in preghiera) e pregare per ottenere una vista chiara.
- Usate uno specchio in gruppo per dichiarare profeticamente: *"Io sono chi Dio dice che io sono. Nient'altro".*

Strumenti del Ministero:

- Tessuto bianco (che copre i simboli)
- Olio d'oliva per l'unzione
- Guida alla dichiarazione profetica dello specchio

Intuizione chiave

Il nemico ama distorcere il modo in cui ti vedi, perché la tua identità è il tuo punto di accesso al destino.

Diario di riflessione

- Ho creduto a bugie su chi sono?
- Ho mai partecipato a rituali con gli specchi o ho mai permesso, senza saperlo, la stregoneria degli specchi?
- Cosa dice Dio di chi sono?

Preghiera di liberazione dal Regno dello Specchio

Padre Celeste, rompo ogni patto con il regno dello specchio: ogni riflesso oscuro, ogni doppio spirituale e ogni linea temporale contraffatta. Rinuncio a tutte le false identità. Dichiaro di essere chi Tu dici che io sia. Per il sangue di Gesù, esco dalla prigione dei riflessi e accedo alla pienezza del mio scopo. Da oggi, vedo con gli occhi dello Spirito, in verità e chiarezza. Nel nome di Gesù, Amen.

GIORNO 16: SPEZZARE IL LEGAME DELLE MALEDIZIONI DELLE PAROLE — RIPRENDERSI IL PROPRIO NOME, IL PROPRIO FUTURO

"*Morte e vita sono in potere della lingua...*" — Proverbi 18:21

"*Nessun'arma fabbricata contro di te avrà successo, e ogni lingua che si leverà in giudizio contro di te, tu la condannerai...*" — Isaia 54:17

Le parole non sono solo suoni: sono **contenitori spirituali**, portatori di un potere che benedice e vincola. Molte persone, inconsapevolmente, camminano sotto il **peso delle maledizioni pronunciate** su di loro da genitori, insegnanti, guide spirituali, ex amanti o persino dalla loro stessa bocca.

Alcuni hanno già sentito queste frasi:

- "Non combinerai mai niente."
- "Sei proprio come tuo padre: inutile."
- "Tutto ciò che tocchi fallisce."
- "Se non posso averti io, non lo farà nessuno."
- "Sei maledetto... guarda e vedrai."

Parole come queste, pronunciate con rabbia, odio o paura – soprattutto da qualcuno in posizione di autorità – possono trasformarsi in una trappola spirituale. Persino imprecazioni autoproclamate come *"Vorrei non essere mai nato"* o *"Non mi sposerò mai"* possono garantire al nemico terreno legale.

Espressioni globali

- **Africa** – Maledizioni tribali, maledizioni dei genitori per ribellione, maledizioni del mercato.
- **Asia** – Dichiarazioni basate sul karma, voti ancestrali pronunciati sui

figli.
- **America Latina** – Brujeria (stregoneria): maledizioni attivate dalla parola parlata.
- **Europa** – Fatti parlati, "profezie" familiari che si autoavverano.
- **Nord America** – Abuso verbale, canti occulti, affermazioni di auto-odio.

Che siano sussurrate o urlate, le maledizioni pronunciate con emozione e convinzione hanno un peso nello spirito.

Testimonianza — "Quando mia madre parlava di morte"
Keisha (Giamaica)

Keisha è cresciuta sentendo sua madre dire: *"Sei la causa della mia vita rovinata".* A ogni compleanno, le succedeva qualcosa di brutto. A 21 anni, tentò il suicidio, convinta che la sua vita non avesse alcun valore. Durante una funzione di liberazione, il pastore le chiese: *"Chi ha parlato di morte sulla tua vita?".* Crollò. Dopo aver rinunciato alle parole e aver perdonato, finalmente sperimentò la gioia. Ora insegna alle ragazze come parlare di vita su se stesse.

Andrei (Romania)

L'insegnante di Andrei una volta disse: *"Finirai in prigione o morirai prima dei 25 anni".* Quella frase lo perseguitò. Si dedicò al crimine e a 24 anni fu arrestato. In prigione, incontrò Cristo e si rese conto della maledizione che aveva accettato. Scrisse all'insegnante una lettera di perdono, strappò ogni bugia pronunciata contro di lui e iniziò a parlare delle promesse di Dio. Ora dirige un'organizzazione di sensibilizzazione in carcere.

Piano d'azione: invertire la maledizione

1. Scrivi le affermazioni negative che ti vengono rivolte, da altri o da te stesso.
2. Nella preghiera, **rinuncia a ogni parola di maledizione** (dilla ad alta voce).
3. **Concedi il perdono** alla persona che ha pronunciato quelle parole.
4. **Ripeti la verità di Dio** su te stesso per sostituire la maledizione con la benedizione:
    - *Geremia 29:11*
    - *Deuteronomio 28:13*

- *Romani 8:37*
- *Salmo 139:14*

Applicazione di gruppo: il potere delle parole

- Chiediti: quali affermazioni hanno plasmato la tua identità, nel bene o nel male?
- In gruppo, spezzate le maledizioni ad alta voce (con sensibilità) e pronunciate delle benedizioni al loro posto.
- Usate delle carte delle Scritture: ogni persona legge ad alta voce 3 verità sulla propria identità.
- *Decreto di Benedizione* di 7 giorni su se stessi.

Strumenti del Ministero:

- Flash card con identità scritturale
- Olio d'oliva per ungere la bocca (santificare la parola)
- Dichiarazioni allo specchio: di' la verità sul tuo riflesso ogni giorno

Intuizione chiave

Se è stata pronunciata una maledizione, questa può essere spezzata e al suo posto può essere pronunciata una nuova parola di vita.

Diario di riflessione

- Quali parole hanno plasmato la mia identità?
- Mi sono maledetto per paura, rabbia o vergogna?
- Cosa dice Dio del mio futuro?

Preghiera per spezzare le maledizioni delle parole

Signore Gesù, rinuncio a ogni maledizione pronunciata sulla mia vita: da familiari, amici, insegnanti, amanti e persino da me stesso. Perdono ogni voce che ha dichiarato fallimento, rifiuto o morte. Spezzo il potere di quelle parole ora, nel nome di Gesù. Proclamo benedizione, favore e destino sulla mia vita. Sono chi Tu dici che io sia: amato, scelto, guarito e libero. Nel nome di Gesù. Amen.

GIORNO 17: LIBERAZIONE DAL CONTROLLO E DALLA MANIPOLAZIONE

"*La stregoneria non è sempre fatta di vesti e calderoni: a volte sono parole, emozioni e guinzagli invisibili.*"

«Poiché la ribellione è come il peccato di stregoneria, e l'ostinazione è come l'iniquità e l'idolatria».

— *1 Samuele 15:23*

La stregoneria non si trova solo nei santuari. Spesso si maschera con un sorriso e manipola attraverso sensi di colpa, minacce, adulazione o paura. La Bibbia equipara la ribellione – in particolare quella che esercita un controllo empio sugli altri – alla stregoneria. Ogni volta che usiamo la pressione emotiva, psicologica o spirituale per dominare la volontà altrui, ci stiamo muovendo in un territorio pericoloso.

Manifestazioni globali

- **Africa** – Madri che maledicono i figli con rabbia, amanti che legano gli altri attraverso il "juju" o pozioni d'amore, leader spirituali che intimidiscono i seguaci.
- **Asia** – Controllo del guru sui discepoli, ricatto dei genitori nei matrimoni combinati, manipolazioni dei cordoni energetici.
- **Europa** – I giuramenti massonici controllano il comportamento generazionale, il senso di colpa religioso e il dominio.
- **America Latina** – Brujería (stregoneria) usata per mantenere i partner, ricatto emotivo radicato nelle maledizioni familiari.
- **Nord America** – Genitorialità narcisistica, leadership manipolativa mascherata da "copertura spirituale", profezia basata sulla paura.

La voce della stregoneria sussurra spesso: *"Se non lo fai, mi perderai, perderai il favore di Dio o soffrirai"*.

Ma il vero amore non manipola mai. La voce di Dio porta sempre pace, chiarezza e libertà di scelta.

Storia vera: spezzare il guinzaglio invisibile

Grace, dal Canada, era profondamente coinvolta in un ministero profetico in cui il leader iniziò a dettarle chi poteva frequentare, dove poteva vivere e persino come pregare. All'inizio, le sembrava una cosa spirituale, ma col tempo si sentì prigioniera delle sue opinioni. Ogni volta che cercava di prendere una decisione indipendente, le veniva detto che si stava "ribellando a Dio". Dopo un crollo e la lettura di *"Greater Exploits 14"*, capì che si trattava di stregoneria carismatica: controllo mascherato da profezia.

Grace ha rinunciato al legame spirituale con la sua guida, si è pentita del suo consenso alla manipolazione e si è unita a una comunità locale per la guarigione. Oggi è guarita e aiuta gli altri a uscire dagli abusi religiosi.

Piano d'azione: discernere la stregoneria nelle relazioni

1. Chiediti: *mi sento libero con questa persona o ho paura di deluderla?*
2. Elenca le relazioni in cui il senso di colpa, le minacce o l'adulazione vengono utilizzati come strumenti di controllo.
3. Rinuncia a ogni legame emotivo, spirituale o dell'anima che ti fa sentire dominato o senza voce.
4. Prega ad alta voce per spezzare ogni guinzaglio manipolativo nella tua vita.

Strumenti di Scrittura

- **1 Samuele 15:23** – Ribellione e stregoneria
- **Galati 5:1** – "State saldi... non lasciatevi imporre di nuovo il giogo della schiavitù".
- **2 Corinzi 3:17** – "Dov'è lo Spirito del Signore, lì c'è libertà".
- **Michea 3:5-7** – Falsi profeti che usano intimidazioni e corruzione

Discussione di gruppo e domanda

- Condividi (anche in forma anonima, se necessario) un episodio in cui ti sei sentito manipolato spiritualmente o emotivamente.
- Interpreta una preghiera che "dice la verità": abbandona il controllo sugli altri e riprendi in mano la tua volontà.
- Fate scrivere ai membri delle lettere (reali o simboliche) per rompere i legami con le figure di controllo e dichiarare la libertà in Cristo.

Strumenti del Ministero:

- Partner di liberazione in coppia.
- Usa l'olio dell'unzione per dichiarare la libertà sulla mente e sulla volontà.
- Usate la comunione per ristabilire l'alleanza con Cristo come *unica vera copertura*.

Intuizione chiave

Dove regna la manipolazione, prospera la stregoneria. Ma dove c'è lo Spirito di Dio, c'è libertà.

Diario di riflessione

- A chi o a cosa ho permesso di controllare la mia voce, la mia volontà o la mia direzione?
- Ho mai fatto ricorso alla paura o all'adulazione per ottenere ciò che volevo?
- Quali passi farò oggi per camminare nella libertà di Cristo?

Preghiera di liberazione

Padre Celeste, rinuncio a ogni forma di manipolazione emotiva, spirituale e psicologica che opera dentro o intorno a me. Taglio ogni legame dell'anima radicato nella paura, nel senso di colpa e nel controllo. Mi libero dalla ribellione, dal dominio e dall'intimidazione. Dichiaro di essere guidato solo dal Tuo Spirito. Ricevo la grazia di camminare nell'amore, nella verità e nella libertà. Nel nome di Gesù. Amen.

GIORNO 18: SPEZZARE IL POTERE DEL NON PERDONO E DELL'AMAREZZA

"*Non perdonare è come bere del veleno e aspettarsi che l'altra persona muoia.*"

"Badate che... non spunti fuori alcuna radice amara che possa causare molestia e contaminare molti."
— *Ebrei 12:15*

L'amarezza è un distruttore silenzioso. Può iniziare con un dolore – un tradimento, una bugia, una perdita – ma se non viene frenata, si trasforma in mancanza di perdono e, infine, in una radice che avvelena ogni cosa.

La mancanza di perdono apre la porta agli spiriti tormentatori (Matteo 18:34). Annebbia il discernimento, ostacola la guarigione, soffoca le preghiere e blocca il flusso della potenza di Dio.

La liberazione non consiste solo nello scacciare i demoni, ma anche nel liberare ciò che si è trattenuto dentro.

ESPRESSIONI GLOBALI di amarezza

- **Africa** – Guerre tribali, violenza politica e tradimenti familiari tramandati di generazione in generazione.
- **Asia** – Disonore tra genitori e figli, ferite basate sulla casta, tradimenti religiosi.
- **Europa** – Silenzio generazionale sugli abusi, amarezza per il divorzio o l'infedeltà.
- **America Latina** – Ferite causate da istituzioni corrotte, rifiuti familiari, manipolazione spirituale.
- **Nord America** – Danni alla Chiesa, traumi razziali, padri assenti,

ingiustizie sul posto di lavoro.

L'amarezza non sempre urla. A volte sussurra: "Non dimenticherò mai quello che hanno fatto".

Ma Dio dice: *Lascia andare, non perché loro lo meritano, ma perché lo meriti tu*.

Storia vera: la donna che non voleva perdonare

Maria, brasiliana, aveva 45 anni quando si presentò per la prima volta per chiedere aiuto. Ogni notte sognava di essere strangolata. Soffriva di ulcere, pressione alta e depressione. Durante la seduta, venne a galla il suo odio per il padre, che aveva abusato di lei da bambina e in seguito aveva abbandonato la famiglia.

Lei era diventata cristiana, ma non lo aveva mai perdonato.

Mentre piangeva e lo abbandonava davanti a Dio, il suo corpo si contrasse: qualcosa si era rotto. Quella notte, dormì serenamente per la prima volta in 20 anni. Due mesi dopo, la sua salute iniziò a migliorare drasticamente. Ora condivide la sua storia come coach di guarigione per donne.

Piano d'azione: estirpare la radice amara

1. **Dai un nome** – Scrivi i nomi di coloro che ti hanno fatto del male, anche te stesso o Dio (se in segreto sei stato arrabbiato con Lui).
2. **Liberalo** – Dì ad alta voce: *"Scelgo di perdonare [nome] per [offesa specifica]. Li libero e libero me stesso"*.
3. **Brucialo** – Se è sicuro farlo, brucia o sminuzza la carta come atto profetico di liberazione.
4. **Prega benedizioni** su coloro che ti hanno fatto del male, anche se le tue emozioni oppongono resistenza. Questa è una guerra spirituale.

Strumenti di Scrittura

- *Matteo 18:21–35* – La parabola del servo spietato
- *Ebrei 12:15* – Le radici amare contaminano molti
- *Marco 11:25* – Perdonate, affinché le vostre preghiere non siano impedite
- *Romani 12:19–21* – Lascia la vendetta a Dio

DOMANDA DI GRUPPO E ministero

- Chiedete a ogni persona (in privato o per iscritto) di nominare qualcuno che fa fatica a perdonare.
- Dividetevi in gruppi di preghiera per percorrere insieme il processo del perdono usando la preghiera riportata di seguito.
- Condurre una profetica "cerimonia del rogo" in cui le offese scritte vengono distrutte e sostituite con dichiarazioni di guarigione.

Strumenti del Ministero:

- Carte di dichiarazione di perdono
- Musica strumentale soft o adorazione rilassante
- Olio di letizia (per l'unzione dopo la liberazione)

Intuizione chiave

La mancanza di perdono è una porta che il nemico sfrutta. Il perdono è una spada che recide il cordone della schiavitù.

Diario di riflessione

- Chi devo perdonare oggi?
- sono perdonato o mi sto punendo per gli errori del passato?
- Credo che Dio possa restituirmi ciò che ho perso a causa del tradimento o dell'offesa?

Preghiera di liberazione

Signore Gesù, mi presento a Te con il mio dolore, la mia rabbia e i miei ricordi. Scelgo oggi – per fede – di perdonare tutti coloro che mi hanno ferito, abusato, tradito o rifiutato. Li lascio andare. Li libero dal giudizio e libero me stesso dall'amarezza. Ti chiedo di guarire ogni ferita e di riempirmi della Tua pace. Nel nome di Gesù. Amen.

GIORNO 19: GUARIGIONE DALLA VERGOGNA E DALLA CONDANNA

"*La vergogna dice: 'Sono cattivo'. La condanna dice: 'Non sarò mai libero'. Ma Gesù dice: 'Tu sei mio e io ti ho reso nuovo.'"*

"**Quelli che guardano a lui sono raggianti; il loro volto non è mai coperto di vergogna.**"

— *Salmo 34:5*

La vergogna non è solo un sentimento: è una strategia del nemico. È il mantello che avvolge coloro che sono caduti, hanno fallito o sono stati violati. Dice: "Non puoi avvicinarti a Dio. Sei troppo sporco. Troppo danneggiato. Troppo colpevole".

Ma la condanna è una **menzogna** , perché in Cristo **non c'è condanna** (Romani 8:1).

Molte persone che cercano la liberazione rimangono bloccate perché credono di **non meritare la libertà** . Portano con sé il senso di colpa come un distintivo e ripetono i loro peggiori errori come un disco rotto.

Gesù non ha pagato solo per i tuoi peccati, ha pagato anche per la tua vergogna.

Volti globali della vergogna

- **Africa** – Tabù culturali su stupro, sterilità, sterilità o mancato matrimonio.
- **Asia** – Vergogna basata sul disonore derivante dalle aspettative familiari o dalla defezione religiosa.
- **America Latina** – Colpa per aborti, coinvolgimento nell'occulto o disonore familiare.
- **Europa** – Vergogna nascosta derivante da peccati segreti, abusi o problemi di salute mentale.

- **Nord America** – Vergogna dovuta a dipendenza, divorzio, pornografia o confusione di identità.

La vergogna prospera nel silenzio, ma muore alla luce dell'amore di Dio.

Storia vera: un nuovo nome dopo l'aborto

Jasmine, dagli Stati Uniti, ha avuto tre aborti prima di convertirsi a Cristo. Sebbene fosse salva, non riusciva a perdonarsi. Ogni Festa della Mamma le sembrava una maledizione. Quando si parlava di figli o di genitorialità, si sentiva invisibile e, peggio ancora, indegna.

Durante un ritiro spirituale per donne, ascoltò un messaggio su Isaia 61: "Invece della vergogna, una doppia porzione". Pianse. Quella notte, scrisse lettere ai suoi figli non ancora nati, si pentì di nuovo davanti al Signore e ricevette una visione di Gesù che le dava nuovi nomi: *"Amata", "Madre", "Restaurata"*.

Ora si occupa delle donne che hanno abortito e le aiuta a ritrovare la propria identità in Cristo.

Piano d'azione: uscire dall'ombra

1. **Dai un nome alla vergogna** : scrivi sul tuo diario ciò che hai nascosto o per cui ti senti in colpa.
2. **Confessa la bugia** : scrivi le accuse a cui hai creduto (ad esempio, "Sono sporco", "Sono squalificato").
3. **Sostituisci con la Verità** : dichiara ad alta voce la Parola di Dio su te stesso (vedi le Scritture qui sotto).
4. **Azione profetica** : scrivi la parola "VERGOGNA" su un pezzo di carta, poi strappalo o brucialo. Dichiara: *"Non sono più vincolato da questo!"*

Strumenti di Scrittura

- *Romani 8:1-2* – Nessuna condanna in Cristo
- *Isaia 61:7* – Doppia porzione per vergogna
- *Salmo 34:5* – Splendore nella sua presenza
- *Ebrei 4:16* – Accesso coraggioso al trono di Dio
- *Sofonia 3:19-20* – Dio toglie la vergogna dalle nazioni

Domanda di gruppo e ministero

- Invitare i partecipanti a scrivere dichiarazioni anonime di vergogna (ad esempio, "Ho abortito", "Sono stato abusato", "Ho commesso una frode") e a inserirle in una scatola sigillata.
- Leggi ad alta voce Isaia 61, poi guida una preghiera per uno scambio: il lutto per la gioia, la cenere per la bellezza, la vergogna per l'onore.
- Riproduci musica di adorazione che sottolinei l'identità in Cristo.
- Pronuncia parole profetiche sulle persone che sono pronte a lasciar andare.

Strumenti del Ministero:

- Carte di dichiarazione d'identità
- Olio per l'unzione
- Playlist di adorazione con canzoni come "You Say" (Lauren Daigle), "No Longer Slaves" o "Who You Say I Am"

Intuizione chiave

La vergogna è una ladra. Ti ruba la voce, la gioia e l'autorità. Gesù non si è limitato a perdonare i tuoi peccati, ma ha privato la vergogna del suo potere.

Diario di riflessione

- Qual è il primo ricordo di vergogna che riesco a ricordare?
- Quale bugia ho creduto su me stesso?
- Sono pronto a vedermi come mi vede Dio: puro, radioso e scelto?

Preghiera di guarigione

Signore Gesù, ti porto la mia vergogna, il mio dolore nascosto e ogni voce di condanna. Mi pento di aver accettato le menzogne del nemico su chi sono. Scelgo di credere a ciò che dici: che sono perdonato, amato e rinnovato. Ricevo la Tua veste di giustizia ed entro nella libertà. Esco dalla vergogna e cammino verso la Tua gloria. Nel nome di Gesù, Amen.

GIORNO 20: STREGONERIA DOMESTICA — QUANDO L'OSCURITÀ VIVE SOTTO LO STESSO TETTO

"*Non tutti i nemici sono fuori. Alcuni hanno volti familiari.*"
«I nemici dell'uomo saranno quelli della sua casa».
— *Matteo 10:36*

Alcune delle battaglie spirituali più feroci non si combattono nelle foreste o nei santuari, ma nelle camere da letto, nelle cucine e sugli altari di famiglia.

La stregoneria domestica si riferisce a operazioni demoniache che hanno origine all'interno della famiglia (genitori, coniugi, fratelli, personale domestico o parenti stretti) attraverso l'invidia, pratiche occulte, altari ancestrali o manipolazione spirituale diretta.

La liberazione diventa complessa quando le persone coinvolte sono **coloro che amiamo o con cui viviamo**.

Esempi globali di stregoneria domestica

- **Africa** – Una matrigna gelosa lancia maledizioni attraverso il cibo; un fratello invoca gli spiriti contro un fratello più fortunato.
- **India e Nepal** – Le madri dedicano i figli alle divinità al momento della nascita; gli altari domestici vengono utilizzati per controllare i destini.
- **America Latina** – Brujeria o Santeria praticata in segreto dai parenti per manipolare i coniugi o i figli.
- **Europa** – Massoneria nascosta o giuramenti occulti nelle linee familiari; tradizioni psichiche o spiritualiste tramandate.
- **Nord America** – Genitori Wiccan o New Age "benedicono" i loro figli con cristalli, purificazioni energetiche o tarocchi.

Questi poteri possono nascondersi dietro l'affetto familiare, ma il loro obiettivo è il controllo, la stagnazione, la malattia e la schiavitù spirituale.

Storia vera: mio padre, il profeta del villaggio

Una donna dell'Africa occidentale è cresciuta in una casa in cui suo padre era un profeta del villaggio molto rispettato. Per gli estranei, era una guida spirituale. A porte chiuse, seppelliva amuleti nel recinto e compiva sacrifici per conto delle famiglie in cerca di favori o vendetta.

Nella sua vita emersero strani schemi: incubi ripetuti, relazioni fallite e malattie inspiegabili. Quando affidò la sua vita a Cristo, suo padre le si rivoltò contro, dichiarando che non avrebbe mai avuto successo senza il suo aiuto. La sua vita precipitò per anni.

Dopo mesi di preghiere notturne e digiuno, lo Spirito Santo la condusse a rinunciare a ogni legame spirituale con il manto occulto del padre. Seppellì scritture nelle sue pareti, bruciò vecchi simboli e unse la sua soglia ogni giorno. Lentamente, iniziarono i progressi: la sua salute tornò, i suoi sogni si schiarirono e finalmente si sposò. Ora aiuta altre donne che affrontano gli altari domestici.

Piano d'azione: affrontare lo spirito familiare

1. **Discernere senza disonore** – Chiedi a Dio di rivelare poteri nascosti senza odio.
2. **Rompere gli accordi spirituali** : rinunciare a ogni legame spirituale creato attraverso rituali, altari o giuramenti pronunciati.
3. **Separazione spirituale** : anche se vivete nella stessa casa, potete **separarvi spiritualmente** attraverso la preghiera.
4. **Santifica il tuo spazio** : ungi ogni stanza, oggetto e soglia con olio e scritture.

Strumenti di Scrittura

- *Michea 7:5–7* – Non confidare nel prossimo
- *Salmo 27:10* – "Anche se mio padre e mia madre mi abbandonassero…"
- *Luca 14:26* – Amare Cristo più della famiglia
- *2 Re 11:1–3* – Liberazione nascosta da una regina madre assassina

- *Isaia 54:17* – Nessuna arma forgiata prospererà

Domanda di gruppo

- Raccontare esperienze in cui l'opposizione è nata all'interno della famiglia.
- Pregate per ottenere saggezza, coraggio e amore di fronte alle resistenze familiari.
- Guida una preghiera di rinuncia a ogni legame dell'anima o maledizione pronunciata dai parenti.

Strumenti del Ministero:

- Olio per l'unzione
- Dichiarazioni di perdono
- Preghiere di liberazione del patto
- Preghiera di copertura del Salmo 91

Intuizione chiave

La stirpe può essere una benedizione o un campo di battaglia. Sei chiamato a redimerla, non a subirne il dominio.

Diario di riflessione

- Ho mai incontrato resistenza spirituale da parte di qualcuno a me vicino?
- C'è qualcuno che devo perdonare, anche se continua a praticare la stregoneria?
- Sono disposto a essere messo da parte, anche se questo comporta delle conseguenze sulle relazioni?

Preghiera di separazione e protezione

Padre, riconosco che la più grande opposizione può venire da coloro che mi sono più vicini. Perdono ogni membro della famiglia che, consapevolmente o inconsapevolmente, lavora contro il mio destino. Spezzo ogni legame spirituale, maledizione e patto stipulato attraverso la mia linea familiare che non sia in linea con il Tuo Regno. Per il sangue di Gesù, santifico la mia casa e dichiaro: quanto a me e alla mia casa, serviremo il Signore. Amen.

GIORNO 21: LO SPIRITO DI JEZEBEL — SEDUZIONE, CONTROLLO E MANIPOLAZIONE RELIGIOSA

"*Ma ho questo contro di te: tu tolleri quella donna, Iezabel, che si spaccia per profetessa e inganna con i suoi insegnamenti...*" — Apocalisse 2:20
"*La sua fine verrà improvvisa e senza rimedio.*" — Proverbi 6:15

Alcuni spiriti gridano dall'esterno.

Gezabele sussurra dall'interno.

Non si limita a tentare: **usurpa, manipola e corrompe**, lasciando ministeri distrutti, matrimoni soffocati e nazioni sedotte dalla ribellione.

Cos'è lo spirito di Gezabele?

Lo spirito di Gezabele:

- Imita la profezia per trarre in inganno
- Usa il fascino e la seduzione per controllare
- Odia la vera autorità e fa tacere i profeti
- Maschera l'orgoglio dietro una falsa umiltà
- Spesso si lega alla leadership o a coloro che le sono vicini

Questo spirito può agire attraverso **uomini o donne** e prospera dove il potere incontrollato, l'ambizione o il rifiuto non vengono curati.

Manifestazioni globali

- **Africa** – False profetesse che manipolano gli altari e pretendono lealtà con la paura.
- **Asia** – Mistici religiosi che mescolano seduzione e visioni per dominare i circoli spirituali.
- **Europa** – Gli antichi culti delle dee sono stati ripresi nelle pratiche

New Age sotto il nome di empowerment.
- **America Latina** – Le sacerdotesse della Santeria esercitano il controllo sulle famiglie attraverso "consigli spirituali".
- **Nord America** – Influencer dei social media che promuovono la "femminilità divina" mentre deridono la sottomissione, l'autorità o la purezza biblica.

Storia vera: *la Gezabele seduta sull'altare*

In una nazione caraibica, una chiesa ardente di Dio iniziò ad affievolirsi, lentamente, in modo sottile. Il gruppo di intercessione che un tempo si riuniva per le preghiere di mezzanotte iniziò a disperdersi. Il ministero giovanile cadde nello scandalo. I matrimoni in chiesa iniziarono a fallire e il pastore, un tempo ardente, divenne indeciso e spiritualmente stanco.

Al centro di tutto c'era una donna: **Suor R.** Bella, carismatica e generosa, era ammirata da molti. Aveva sempre una "parola dal Signore" e un sogno sul destino di tutti gli altri. Donava generosamente ai progetti della chiesa e si guadagnò un posto vicino al pastore.

Dietro le quinte, **calunniava subdolamente altre donne**, seduceva un pastore junior e seminava divisioni. Si atteggiava a autorità spirituale, mentre silenziosamente indeboliva la leadership effettiva.

Una notte, un'adolescente in chiesa fece un sogno vivido: vide un serpente arrotolato sotto il pulpito, che sussurrava nel microfono. Terrorizzata, lo raccontò alla madre, che lo portò al pastore.

La dirigenza decise di digiunare per **tre giorni** per cercare la guida di Dio. Il terzo giorno, durante una sessione di preghiera, Suor R iniziò a manifestarsi in modo violento. Sibilava, urlava e accusava gli altri di stregoneria. Seguì una potente liberazione e confessò: era stata iniziata in un ordine spirituale nella tarda adolescenza, con il compito di **infiltrarsi nelle chiese per "rubarne il fuoco"**.

Era già stata in **cinque chiese** prima di questa. La sua arma non era la violenza: era **l'adulazione, la seduzione, il controllo emotivo** e la manipolazione profetica.

Oggi, quella chiesa ha ricostruito il suo altare. Il pulpito è stato riconsacrato. E quella giovane adolescente? Ora è un'ardente evangelista che guida un movimento di preghiera femminile.

Piano d'azione: come affrontare Gezabele

1. **Pentiti** di ogni modo in cui hai collaborato con la manipolazione, il controllo sessuale o l'orgoglio spirituale.
2. **Discernete** i tratti di Gezabele: adulazione, ribellione, seduzione, falsa profezia.
3. **Spezza i legami dell'anima** e le alleanze profane nella preghiera, soprattutto con chiunque ti allontani dalla voce di Dio.
4. **Dichiara la tua autorità** in Cristo. Gezabele teme coloro che sanno chi sono.

Arsenale delle Scritture:

- 1 Re 18–21 – Gezabele contro Elia
- Apocalisse 2:18–29 – L'avvertimento di Cristo a Tiatira
- Proverbi 6:16–19 – Ciò che Dio odia
- Galati 5:19–21 – Opere della carne

Domanda di gruppo

- Discussione: Hai mai assistito a una manipolazione spirituale? Come si è mascherata?
- Come gruppo, dichiarate una politica di "tolleranza zero" nei confronti di Jezebel, in chiesa, a casa o nella leadership.
- Se necessario, esegui una **preghiera di liberazione** o digiuna per spezzare la sua influenza.
- Ridedicare qualsiasi ministero o altare che sia stato compromesso.

Strumenti per il ministero:

usare l'olio per l'unzione. Creare spazio per la confessione e il perdono. Cantare canti di adorazione che proclamino la **Signoria di Gesù.**

Intuizione chiave

Gezabele prospera dove **il discernimento è basso** e **la tolleranza è alta**. Il suo regno finisce quando l'autorità spirituale si risveglia.

Diario di riflessione

- Ho permesso alla manipolazione di guidarmi?
- Ci sono persone o influenze che ho elevato al di sopra della voce di Dio?
- Ho messo a tacere la mia voce profetica per paura o per controllo?

Preghiera di liberazione

Signore Gesù, rinuncio a ogni alleanza con lo spirito di Gezabele. Rifiuto la seduzione, il controllo, le false profezie e la manipolazione. Purifica il mio cuore dall'orgoglio, dalla paura e dal compromesso. Riprendo la mia autorità. Che ogni altare che Gezabele ha costruito nella mia vita venga demolito. Ti introni, Gesù, come Signore delle mie relazioni, della mia chiamata e del mio ministero. Riempimi di discernimento e audacia. Nel Tuo nome, Amen.

GIORNO 22: PITONI E PREGHIERE — SPEZZARE LO SPIRITO DI COSTRETTIVITÀ

"*Una volta, mentre andavamo al luogo di preghiera, incontrammo una schiava che aveva uno spirito di Pitone...*" — Atti 16:16

"*Camminerai sul leone e sulla vipera...*" — Salmo 91:13

C'è uno spirito che non morde, ma **stringe**.

Soffoca il tuo fuoco. Si avvolge attorno alla tua vita di preghiera, al tuo respiro, alla tua adorazione, alla tua disciplina, finché non inizi a rinunciare a ciò che una volta ti dava forza.

Questo è lo spirito di **Python**: una forza demoniaca che **limita la crescita spirituale, ritarda il destino, strangola la preghiera e contrafface la profezia**.

Manifestazioni globali

- **Africa** – Lo spirito del pitone appare come un falso potere profetico, che opera nei santuari marini e forestali.
- **Asia** – Spiriti serpente venerati come divinità che devono essere nutrite o placate.
- **America Latina** – Altari serpentini della Santeria, usati per ricchezza, lussuria e potere.
- **Europa** – Simboli del serpente nei circoli di stregoneria, cartomanzia e parapsicologia.
- **Nord America** – Voci "profetiche" contraffatte, radicate nella ribellione e nella confusione spirituale.

Testimonianza: *La ragazza che non riusciva a respirare*

Marisol, dalla Colombia, iniziò ad avere difficoltà a respirare ogni volta che si inginocchiava per pregare. Il suo petto si stringeva. I suoi sogni erano pieni di immagini di serpenti, che le si attorcigliavano intorno al collo o si riposavano sotto il letto. I medici non riscontrarono nulla di anomalo.

Un giorno, sua nonna ammise che Marisol, da bambina, era stata "dedicata" a uno spirito di montagna che si manifestava sotto forma di serpente. Era uno **"spirito protettore"**, ma aveva un prezzo.

Durante un incontro di liberazione, Marisol iniziò a urlare violentemente quando le vennero imposte delle mani. Sentì qualcosa muoversi nella pancia, risalire nel petto e poi uscire dalla bocca, come aria che veniva espulsa.

Dopo quell'incontro, la mancanza di respiro cessò. I suoi sogni cambiarono. Iniziò a guidare incontri di preghiera, proprio ciò che il nemico un tempo aveva cercato di toglierle.

Segnali che indicano che potresti essere sotto l'influenza dello spirito del pitone

- Stanchezza e pesantezza ogni volta che provi a pregare o ad adorare
- Confusione profetica o sogni ingannevoli
- Sensazioni costanti di essere soffocati, bloccati o legati
- Depressione o disperazione senza una causa chiara
- Perdita del desiderio o della motivazione spirituale

Piano d'azione – Rompere la costrizione

1. **Pentitevi** di qualsiasi coinvolgimento occulto, psichico o ancestrale.
2. **Dichiara che il tuo corpo e il tuo spirito appartengono solo a Dio.**
3. **Digiuno e guerra** usando Isaia 27:1 e Salmo 91:13.
4. **Ungi la gola, il petto e i piedi**, rivendicando la libertà di parlare, respirare e camminare nella verità.

Scritture di liberazione:

- Atti 16:16–18 – Paolo scaccia lo spirito del pitone
- Isaia 27:1 – Dio punisce il Leviatano, il serpente in fuga
- Salmo 91 – Protezione e autorità

- Luca 10:19 – Potere di calpestare serpenti e scorpioni

DOMANDA DI GRUPPO

- Chiediamoci: cosa sta soffocando la nostra vita di preghiera, a livello personale e collettivo?
- Guida una preghiera di gruppo basata sulla respirazione, dichiarando il **respiro di Dio** (Ruach) su ogni membro.
- Spezzate ogni falsa influenza profetica o pressione serpentina nell'adorazione e nell'intercessione.

Strumenti del ministero: adorazione con flauti o strumenti a fiato, taglio simbolico delle corde, sciarpe da preghiera per respirare liberamente.

Intuizione chiave

Lo spirito del Pitone soffoca ciò che Dio vuole far nascere. Bisogna affrontarlo per ritrovare fiato e audacia.

Diario di riflessione

- Quando è stata l'ultima volta che mi sono sentito completamente libero nella preghiera?
- Ci sono segnali di stanchezza spirituale che ho ignorato?
- Ho forse accettato inconsapevolmente dei "consigli spirituali" che hanno portato ancora più confusione?

Preghiera di liberazione

Padre, nel nome di Gesù, spezzo ogni spirito oppressivo incaricato di soffocare il mio scopo. Rinuncio allo spirito del pitone e a tutte le false voci profetiche. Accolgo il respiro del Tuo Spirito e dichiaro: respirerò liberamente, pregherò con coraggio e camminerò rettamente. Ogni serpente attorcigliato intorno alla mia vita è reciso e scacciato. Ricevo liberazione ora. Amen.

GIORNO 23: TRONI DI INIQUITÀ — ABBATTIMENTO DELLE ROCCAFORTI TERRITORIALI

"*Il trono dell'iniquità, che macchina il male mediante la legge, avrà forse comunione con te?*" — Salmo 94:20

"*La nostra lotta non è contro sangue e carne, ma contro... i dominatori delle tenebre...*" — Efesini 6:12

Esistono **troni invisibili**, stabiliti in città, nazioni, famiglie e sistemi, dove poteri demoniaci **governano legalmente** attraverso patti, legislazione, idolatria e ribellione prolungata.

Questi non sono attacchi casuali. Sono **autorità intronizzate**, profondamente radicate in strutture che perpetuano il male di generazione in generazione.

Finché questi troni non saranno **smantellati spiritualmente**, i cicli dell'oscurità persisteranno, indipendentemente da quanta preghiera venga offerta a livello superficiale.

Fortezze e troni globali

- **Africa** – Troni di stregoneria nelle linee di sangue reali e nei concili tradizionali.
- **Europa** – Troni del secolarismo, della massoneria e della ribellione legalizzata.
- **Asia** – Troni di idolatria nei templi ancestrali e nelle dinastie politiche.
- **America Latina** – Troni del narcoterrorismo, culti della morte e corruzione.
- **Nord America**: troni di perversione, aborto e oppressione razziale.

Questi troni influenzano le decisioni, sopprimono la verità e **divorano i destini**.

Testimonianza: *Liberazione di un consigliere comunale*

In una città dell'Africa meridionale, un consigliere cristiano appena eletto scoprì che tutti i suoi predecessori erano impazziti, avevano divorziato o erano morti improvvisamente.

Dopo giorni di preghiera, il Signore rivelò un **trono di sacrifici di sangue** sepolto sotto l'edificio municipale. Un veggente locale aveva piantato amuleti molto tempo prima come parte di una rivendicazione territoriale.

Il consigliere radunò intercessori, digiunò e tenne una funzione religiosa a mezzanotte all'interno della sala consiliare. Per tre notti, i membri dello staff riferirono di strane urla provenienti dalle pareti e di interruzioni di corrente.

Nel giro di una settimana, iniziarono le confessioni. I contratti corrotti furono scoperti e, nel giro di pochi mesi, i servizi pubblici migliorarono. Il trono era caduto.

Piano d'azione – Detronizzare l'oscurità

1. **Identifica il trono**: chiedi al Signore di mostrarti le roccaforti territoriali nella tua città, nel tuo ufficio, nella tua stirpe o nella tua regione.
2. **Pentitevi per conto della terra** (intercessione in stile Daniele 9).
3. **Adorate in modo strategico**: i troni crollano quando la gloria di Dio prende il sopravvento (vedere 2 Cron. 20).
4. **Dichiarate il nome di Gesù** come unico vero Re su quel dominio.

Scritture di riferimento:

- Salmo 94:20 – Troni di iniquità
- Efesini 6:12 – Governanti e autorità
- Isaia 28:6 – Spirito di giustizia per coloro che prendono parte alla battaglia
- 2 Re 23 – Giosia distrugge gli altari e i troni idolatrici

COINVOLGIMENTO DI GRUPPO

- Conduci una sessione di "mappa spirituale" del tuo quartiere o della tua città.
- Chiediti: Quali sono i cicli del peccato, del dolore o dell'oppressione in questo caso?
- Nominare delle "sentinelle" che preghino settimanalmente nei punti di accesso principali: scuole, tribunali, mercati.
- Guidare i decreti di gruppo contro i governanti spirituali usando il Salmo 149:5–9.

Strumenti del ministero: shofar, mappe della città, olio d'oliva per la consacrazione del terreno, guide per la preghiera e il cammino.

Intuizione chiave

Se vuoi vedere una trasformazione nella tua città, **devi sfidare il trono che sta dietro al sistema**, non solo la faccia che gli sta di fronte.

Diario di riflessione

- Ci sono battaglie ricorrenti nella mia città o nella mia famiglia che ritengo più grandi di me?
- Ho ereditato una battaglia contro un trono che non ho intronizzato?
- Quali "governanti" devono essere detronizzati nella preghiera?

Preghiera di guerra

O Signore, smaschera ogni trono di iniquità che regna sul mio territorio. Dichiaro il nome di Gesù come unico Re! Che ogni altare nascosto, legge, patto o potere che imponga l'oscurità sia disperso dal fuoco. Prendo il mio posto come intercessore. Per il sangue dell'Agnello e la parola della mia testimonianza, abbatto i troni e intronizzo Cristo sulla mia casa, città e nazione. Nel nome di Gesù. Amen.

GIORNO 24: FRAMMENTI DELL'ANIMA — QUANDO PARTI DI TE SONO MANCANTI

« *Egli ristora l'anima mia...*» — Salmo 23:3

«*Io guarirò le tue ferite, dice il Signore, perché sei chiamata la reietta...*» — Geremia 30:17

Il trauma ha il potere di distruggere l'anima. Abuso. Rifiuto. Tradimento. Paura improvvisa. Dolore prolungato. Queste esperienze non lasciano solo ricordi, ma **distruggono l'uomo interiore**.

Molte persone sembrano integre, ma vivono con **pezzi di sé mancanti**. La loro gioia è frantumata. La loro identità è dispersa. Sono intrappolate in fusi temporali emotivi, una parte di loro è bloccata in un passato doloroso, mentre il corpo continua a invecchiare.

Si tratta di **frammenti dell'anima**, parti del tuo sé emotivo, psicologico e spirituale che si sono spezzate a causa di traumi, interferenze demoniache o manipolazioni stregonesche.

Finché quei pezzi non saranno riuniti, guariti e reintegrati tramite Gesù, **la vera libertà rimarrà sfuggente**.

Pratiche globali di furto di anime

- **Africa** – Gli stregoni catturano l'"essenza" delle persone in barattoli o specchi.
- **Asia** – Rituali di intrappolamento dell'anima da parte di guru o praticanti tantrici.
- **America Latina** – Scissione dell'anima sciamanica per controllo o maledizioni.
- **Europa** – Magia occulta degli specchi usata per frantumare l'identità o rubare favori.

- **Nord America** – I traumi derivanti da molestie, aborti o confusione di identità spesso creano profonde ferite nell'anima e frammentazione.

Storia: *La ragazza che non riusciva a sentire*

Andrea, una venticinquenne spagnola, aveva sopportato anni di molestie da parte di un familiare. Pur avendo accettato Gesù, rimaneva emotivamente insensibile. Non riusciva a piangere, ad amare o a provare empatia.

Un ministro in visita le fece una strana domanda: "Dove hai lasciato la tua gioia?". Mentre Andrea chiudeva gli occhi, si ricordò di quando aveva 9 anni, rannicchiata in un armadio, e si diceva: "Non proverò mai più nulla".

Pregarono insieme. Andrea perdonò, rinunciò ai voti interiori e invitò Gesù in quel ricordo specifico. Pianse in modo incontrollabile per la prima volta dopo anni. Quel giorno, **la sua anima fu ristorata**.

Piano d'azione - Recupero e guarigione dell'anima

1. Chiedi allo Spirito Santo: *Dove ho perso una parte di me stesso?*
2. Perdona chiunque sia coinvolto in quel momento e **rinuncia a promesse interiori** come "Non mi fiderò mai più".
3. Invita Gesù nel ricordo e pronuncia parole di guarigione in quel momento.
4. Prega: *"Signore, restaura la mia anima. Chiamo ogni frammento di me a ritornare e a essere reso intero"*.

Versetti chiave:

- Salmo 23:3 – Egli ristora l'anima
- Luca 4:18 – Guarigione dei cuori spezzati
- 1 Tessalonicesi 5:23 – Spirito, anima e corpo preservati
- Geremia 30:17 – Guarigione per gli emarginati e le ferite

Domanda di gruppo

- Guida i membri attraverso una **sessione guidata di preghiera di guarigione interiore**.

- Chiediti: *Ci sono stati momenti nella tua vita in cui hai smesso di avere fiducia, di provare sentimenti o di sognare?*
- Interpreta il ruolo di "tornare in quella stanza" con Gesù e osservarlo mentre guarisce la ferita.
- Fate sì che i leader fidati impongano delicatamente le mani sulle teste e proclamino la guarigione dell'anima.

Strumenti del ministero: musica di culto, luci soffuse, fazzoletti, spunti per scrivere un diario.

Intuizione chiave

La liberazione non consiste solo nel scacciare i demoni. È **raccogliere i pezzi rotti e ripristinare l'identità**.

Diario di riflessione

- Quali eventi traumatici influenzano ancora oggi il mio modo di pensare o di sentire?
- Ho mai detto: "Non amerò mai più" o "Non posso più fidarmi di nessuno"?
- Che aspetto ha per me la "completezza"? E sono pronto per essa?

PREGHIERA DI RESTAURAZIONE

Gesù, Tu sei il Pastore della mia anima. Ti porto in ogni luogo in cui sono stato distrutto dalla paura, dalla vergogna, dal dolore o dal tradimento. Rompo ogni voto interiore e ogni maledizione pronunciata nel trauma. Perdono coloro che mi hanno ferito. Ora, chiamo ogni frammento della mia anima a tornare. Rigenerami completamente: spirito, anima e corpo. Non sono spezzato per sempre. Sono intero in Te. Nel nome di Gesù. Amen.

GIORNO 25: LA MALEDIZIONE DEI BAMBINI STRANI — QUANDO I DESTINI SI SCAMBIANO ALLA NASCITA

"*I loro figli sono figli stranieri: ora un mese li divorerà con le loro porzioni.*" — Osea 5:7

"*Prima che ti formassi nel grembo materno, ti ho conosciuto...*" — Geremia 1:5

Non tutti i bambini nati in una casa erano destinati a quella casa.

Non tutti i bambini che portano il tuo DNA portano con sé la tua eredità.

Il nemico ha a lungo utilizzato **la nascita come campo di battaglia**, scambiandosi destini, impiantando prole contraffatta, iniziando i bambini a patti oscuri e manomettendo gli uteri prima ancora che il concepimento abbia inizio.

Non si tratta solo di una questione fisica. È **una transazione spirituale**, che coinvolge altari, sacrifici e legalità demoniache.

Cosa sono i bambini strani?

I "bambini strani" sono:

- Bambini nati tramite dedizione occulta, rituali o patti sessuali.
- La prole viene scambiata alla nascita (spiritualmente o fisicamente).
- Bambini che portano con sé incarichi oscuri in una famiglia o in una discendenza.
- Anime catturate nel grembo materno tramite stregoneria, negromanzia o altari generazionali.

Molti bambini crescono nella ribellione, nella dipendenza, nell'odio verso i genitori o verso se stessi, non solo a causa di una cattiva educazione ma anche a causa di **chi li ha accolti spiritualmente alla nascita** .

ESPRESSIONI GLOBALI

- **Africa** – Scambi spirituali negli ospedali, contaminazione dell'utero da parte di spiriti marini o sesso rituale.
- **India** – Bambini iniziati ai templi o destinati a destini basati sul karma prima della nascita.
- **Haiti e America Latina** – Dedicazioni alla Santeria, bambini concepiti sugli altari o dopo incantesimi.
- **Nazioni occidentali** – Le pratiche di fecondazione in vitro e maternità surrogata sono talvolta legate a contratti occulti o linee di donazione; aborti che lasciano aperte porte spirituali.
- **Culture indigene nel mondo** : cerimonie di denominazione spirituale o trasferimenti totemici di identità.

Storia: *Il bambino con lo spirito sbagliato*

Clara, un'infermiera ugandese, ha raccontato di una donna che ha portato il suo neonato a un incontro di preghiera. Il bambino urlava in continuazione, rifiutava il latte e reagiva violentemente alla preghiera.

Una parola profetica rivelò che il bambino era stato "scambiato" nello spirito alla nascita. La madre confessò che uno stregone aveva pregato sul suo ventre mentre desiderava disperatamente un figlio.

Grazie al pentimento e alle intense preghiere di liberazione, il bambino si afflosciò, per poi ritrovare la pace. In seguito, il bambino prosperò, mostrando segni di ritrovata pace e sviluppo.

Non tutte le sofferenze infantili sono naturali. Alcune sono **innate fin dal concepimento** .

Piano d'azione - Riconquistare il destino dell'utero

1. Se sei un genitore, **dedica nuovamente tuo figlio a Gesù Cristo** .

2. Rinunciare a qualsiasi maledizioni, dedica o patto prenatale, anche se stipulati inconsapevolmente dagli antenati.
3. Rivolgiti direttamente allo spirito di tuo figlio nella preghiera: *"Appartieni a Dio. Il tuo destino è restaurato".*
4. Se non hai figli, prega sul tuo grembo, rifiutando ogni forma di manipolazione o manomissione spirituale.

Versetti chiave:

- Osea 9:11–16 – Giudizio sulla progenie straniera
- Isaia 49:25 – Combattere per i propri figli
- Luca 1:41 – Figli ripieni di Spirito fin dal grembo materno
- Salmo 139:13–16 – Il disegno intenzionale di Dio nel grembo materno

Coinvolgimento di gruppo

- Chiedete ai genitori di portare i nomi o le foto dei loro figli.
- Dichiara su ogni nome: "L'identità di tuo figlio è stata ripristinata. Ogni mano estranea è stata tagliata".
- Pregate per la purificazione spirituale dell'utero di tutte le donne (e degli uomini in quanto portatori spirituali del seme).
- Utilizzare la comunione per simboleggiare il recupero del destino della stirpe.

Strumenti per il ministero: Comunione, olio per l'unzione, nomi stampati o articoli per neonati (facoltativo).

Intuizione chiave

Satana prende di mira l'utero perché **è lì che si formano profeti, guerrieri e destini**. Ma ogni bambino può essere riconquistato tramite Cristo.

Diario di riflessione

- Ho mai fatto sogni strani durante la gravidanza o dopo il parto?
- I miei figli hanno difficoltà che sembrano innaturali?
- Sono pronto ad affrontare le origini spirituali della ribellione o del

ritardo generazionale?

Preghiera di Recupero

Padre, porto il mio grembo, il mio seme e i miei figli al Tuo altare. Mi pento per ogni porta, nota o sconosciuta, che ha dato accesso al nemico. Rompo ogni maledizione, dedicazione e incarico demoniaco legato ai miei figli. Dico su di loro: Tu sei santo, scelto e sigillato per la gloria di Dio. Il tuo destino è redento. Nel nome di Gesù. Amen.

GIORNO 26: ALTARI NASCOSTI DEL POTERE — LIBERARSI DAI PATTI OCCULTI DELL'ÉLITE

"*Di nuovo il diavolo lo portò sopra un monte altissimo e gli mostrò tutti i regni del mondo e la loro gloria, e gli disse: «Tutte queste cose io ti darò se, prostrandoti, mi adorerai».*" — Matteo 4:8–9

Molti pensano che il potere satanico si trovi solo nei rituali segreti o nei villaggi più oscuri. Ma alcune delle congreghe più pericolose si nascondono dietro abiti eleganti, club d'élite e un'influenza multigenerazionale.

Si tratta di **altari del potere**, formati da giuramenti di sangue, iniziazioni, simboli segreti e promesse verbali che vincolano individui, famiglie e persino intere nazioni al dominio di Lucifero. Dalla Massoneria ai riti cabalistici, dalle iniziazioni stellari orientali alle antiche scuole misteriche egizie e babilonesi, promettono l'illuminazione ma consegnano schiavitù.

Connessioni globali

- **Europa e Nord America**: Massoneria, Rosacrocianesimo, Ordine dell'Alba Dorata, Skull & Bones, Bohemian Grove, iniziazioni cabalistiche.
- **Africa** – Patti politici di sangue, patti tra spiriti ancestrali per il potere, alleanze di stregoneria ad alto livello.
- **Asia** – Società illuminate, patti con gli spiriti dei draghi, dinastie di stirpe legate all'antica stregoneria.
- **America Latina** – Santeria politica, protezione rituale legata ai cartelli, patti fatti per il successo e l'immunità.
- **Medio Oriente** – Riti babilonesi e assiri antichi tramandati sotto forma religiosa o reale.

Testimonianza – Il nipote di un massone trova la libertà

Carlos, cresciuto in una famiglia influente in Argentina, non sapeva che suo nonno avesse raggiunto il 33° grado della Massoneria. Strane manifestazioni avevano tormentato la sua vita: paralisi del sonno, sabotaggio relazionale e una costante incapacità di progredire, nonostante i suoi sforzi.

Dopo aver partecipato a un insegnamento di liberazione che smascherò i legami occulti con l'élite, affrontò la storia della sua famiglia e trovò insegne massoniche e diari nascosti. Durante un digiuno di mezzanotte, rinunciò a ogni patto di sangue e dichiarò la libertà in Cristo. Quella stessa settimana, ricevette la svolta lavorativa che aveva atteso per anni.

Gli altari di alto livello creano un'opposizione di alto livello, ma il **sangue di Gesù** parla più forte di qualsiasi giuramento o rituale.

Piano d'azione: smascherare la Loggia Nascosta

1. **Indaga** : ci sono affiliazioni massoniche, esoteriche o segrete nella tua linea di sangue?
2. **Rinunciare** a ogni patto conosciuto e sconosciuto utilizzando dichiarazioni basate su Matteo 10:26–28.
3. **Brucia o rimuovi** tutti i simboli occulti: piramidi, occhi onniveggenti, bussole, obelischi, anelli o vesti.
4. **Prega ad alta voce** :

"Rompo ogni accordo nascosto con società segrete, culti della luce e false confraternite. Servo solo il Signore Gesù Cristo."

Domanda di gruppo

- Chiedete ai membri di scrivere qualsiasi legame occulto, noto o presunto, con l'élite.
- Compiere un **atto simbolico di rottura dei legami** : strappare fogli, bruciare immagini o ungere la fronte come sigillo di separazione.
- Utilizzate **il Salmo 2** per dichiarare la rottura delle cospirazioni nazionali e familiari contro l'unto del Signore.

Intuizione chiave

La morsa più potente di Satana è spesso avvolta nel segreto e nel prestigio. La vera libertà inizia quando si smascherano, si rinuncia e si sostituiscono quegli altari con l'adorazione e la verità.

Diario di riflessione

- Ho ereditato ricchezza, potere o opportunità che mi sembrano spiritualmente "sbagliate"?
- Ci sono legami segreti nella mia discendenza che ho ignorato?
- Quanto mi costerà tagliare l'accesso empio al potere? E sono disposto a farlo?

Preghiera di liberazione

Padre, esco da ogni loggia, altare e accordo nascosto, nel mio nome o per conto della mia stirpe. Recido ogni legame d'anima, ogni legame di sangue e ogni giuramento fatto consapevolmente o inconsapevolmente. Gesù, Tu sei la mia unica Luce, la mia unica Verità e la mia unica copertura. Lascia che il Tuo fuoco consumi ogni legame empio con il potere, l'influenza o l'inganno. Ricevo la libertà totale, nel nome di Gesù. Amen.

GIORNO 27: ALLEANZE PROFANE — MASSONERIA, ILLUMINATI E INFILTRAZIONE SPIRITUALE

"*Non partecipate alle opere infruttuose delle tenebre, ma piuttosto condannatele.*" — Efesini 5:11

"*Non potete bere il calice del Signore e il calice dei demoni.*" — 1 Corinzi 10:21

Esistono società segrete e reti globali che si presentano come innocue organizzazioni fraterne, offrendo beneficenza, legami o illuminazione. Ma dietro il sipario si celano giuramenti più profondi, rituali di sangue, legami spirituali e strati di dottrina luciferina ammantati di "luce".

La Massoneria, gli Illuminati, la Stella d'Oriente, la Skull and Bones e le loro reti gemelle non sono solo circoli sociali. Sono altari di fedeltà – alcuni risalenti a secoli fa – progettati per infiltrarsi spiritualmente in famiglie, governi e persino chiese.

Impronta globale

- **Nord America ed Europa** : templi della Massoneria, logge del Rito Scozzese, Skull & Bones di Yale.
- **Africa** – Iniziazioni politiche e reali con riti massonici, patti di sangue per ottenere protezione o potere.
- **Asia** – Scuole di Kabbalah mascherate da illuminazione mistica, riti monastici segreti.
- **America Latina** – Ordini elitari nascosti, la Santeria si è fusa con l'influenza dell'élite e i patti di sangue.
- **Medio Oriente** – Antiche società segrete babilonesi legate a strutture di potere e al culto della falsa luce.

QUESTE RETI SPESSO:

- Richiede giuramenti orali o di sangue.
- Utilizzare simboli occulti (bussole, piramidi, occhi).
- Eseguire cerimonie per invocare o dedicare la propria anima a un ordine.
- Concedi influenza o ricchezza in cambio del controllo spirituale.

Testimonianza – La confessione di un vescovo

Un vescovo dell'Africa orientale confessò davanti alla sua chiesa di essersi unito alla Massoneria a un livello basso durante l'università, semplicemente per "connessioni". Ma mentre saliva di grado, iniziò a vedere strani requisiti: un giuramento di silenzio, cerimonie con bende e simboli, e una "luce" che rendeva fredda la sua vita di preghiera. Smise di sognare. Non riusciva a leggere le Scritture.

Dopo essersi pentito e aver pubblicamente rinnegato ogni rango e voto, la nebbia spirituale si è diradata. Oggi predica Cristo con coraggio, denunciando ciò a cui un tempo aveva partecipato. Le catene erano invisibili, finché non sono state spezzate.

Piano d'azione – Rompere l'influenza della Massoneria e delle società segrete

1. **Indicare** qualsiasi coinvolgimento personale o familiare con la Massoneria, il Rosacrocianesimo, la Cabala, lo Skull and Bones o altri ordini segreti simili.
2. **Rinuncia a ogni livello o grado di iniziazione**, dal 1° al 33° o superiore, inclusi tutti i rituali, i simboli e i giuramenti. (Potresti trovare rinunce di liberazione guidata online.)
3. **Prega con autorità** :

"Rompo ogni legame d'anima, patto di sangue e giuramento fatto a società segrete, da me o per mio conto. Rivendico la mia anima per Gesù Cristo!"

1. **Distruggere oggetti simbolici** : insegne, libri, certificati, anelli o

immagini incorniciate.
2. **Dichiara** la libertà usando:
    - *Galati 5:1*
    - *Salmo 2:1–6*
    - *Isaia 28:15–18*

Domanda di gruppo

- Chiedete al gruppo di chiudere gli occhi e di chiedere allo Spirito Santo di rivelare eventuali affiliazioni segrete o legami familiari.
- Rinuncia aziendale: recitare una preghiera per denunciare ogni legame, noto o sconosciuto, con gli ordini dell'élite.
- Usate la comunione per suggellare la rottura e riallineare le alleanze a Cristo.
- Ungere teste e mani, ripristinando la chiarezza della mente e le opere sante.

Intuizione chiave

Ciò che il mondo chiama "élite", Dio potrebbe definirlo un abominio. Non ogni influenza è sacra, e non ogni luce è Luce. Non esiste una segretezza innocua quando si tratta di giuramenti spirituali.

Diario di riflessione

- Ho fatto parte di ordini segreti o gruppi di illuminazione mistica o sono stato curioso di conoscerli?
- Ci sono prove di cecità spirituale, stagnazione o freddezza nella mia fede?
- Devo affrontare il coinvolgimento familiare con coraggio e grazia?

Preghiera di libertà

Signore Gesù, vengo davanti a Te come unica vera Luce. Rinuncio a ogni legame, a ogni giuramento, a ogni falsa luce e a ogni ordine nascosto che mi reclama. Revoco la Massoneria, le società segrete, le antiche confraternite e ogni legame spirituale legato alle tenebre. Dichiaro di essere sotto il solo sangue di Gesù:

sigillato, liberato e libero. Lascia che il Tuo Spirito bruci ogni residuo di queste alleanze. Nel nome di Gesù, amen.

GIORNO 28: KABBALAH, GRIGLIE ENERGETICHE E IL FASCINO DELLA "LUCE" MISTICA

"*Perché anche Satana si traveste da angelo di luce.*" — 2 Corinzi 11:14
"*La luce che è in te è tenebra; quanto profonda è quella tenebra!*" — Luca 11:35

In un'epoca ossessionata dall'illuminazione spirituale, molti si immergono inconsapevolmente in antiche pratiche cabalistiche, nella guarigione energetica e negli insegnamenti mistici della luce radicati in dottrine occulte. Questi insegnamenti spesso si mascherano da "misticismo cristiano", "saggezza ebraica" o "spiritualità basata sulla scienza", ma hanno origine da Babilonia, non da Sion.

La Cabala non è solo un sistema filosofico ebraico; è una matrice spirituale costruita su codici segreti, emanazioni divine (Sefirot) e percorsi esoterici. È lo stesso seducente inganno che si cela dietro i tarocchi, la numerologia, i portali zodiacali e le griglie New Age.

Molte celebrità, influencer e magnati degli affari indossano fili rossi, meditano con l'energia dei cristalli o seguono lo Zohar senza sapere di essere coinvolti in un sistema invisibile di intrappolamento spirituale.

Coinvolgimenti globali

- **Nord America** – Centri di Kabbalah camuffati da spazi benessere; meditazioni energetiche guidate.
- **Europa** – Cabala druidica e cristianesimo esoterico insegnati in ordini segreti.
- **Africa** – Culti della prosperità che mescolano le scritture con la numerologia e i portali energetici.
- **Asia** – La guarigione dei chakra è stata ribattezzata "attivazione della luce", in linea con i codici universali.

- **America Latina** – Santi mescolati ad arcangeli cabalistici nel cattolicesimo mistico.

Questa è la seduzione della falsa luce, dove la conoscenza diventa un dio e l'illuminazione diventa una prigione.

Testimonianza reale: come sfuggire alla "trappola della luce"

Marisol, una business coach sudamericana, pensava di aver scoperto la vera saggezza attraverso la numerologia e il "flusso di energia divina" di un mentore cabalistico. I suoi sogni divennero vividi, le sue visioni nitide. Ma la sua pace? Sparita. Le sue relazioni? Crollate.

Si ritrovò tormentata da esseri oscuri nel sonno, nonostante le sue "preghiere leggere" quotidiane. Un'amica le inviò una testimonianza video di un ex mistico che incontrò Gesù. Quella notte, Marisol invocò Gesù. Vide una luce bianca accecante, non mistica, ma pura. La pace tornò. Distrusse i suoi materiali e iniziò il suo percorso di liberazione. Oggi gestisce una piattaforma di mentoring incentrata su Cristo per donne intrappolate nell'inganno spirituale.

Piano d'azione: rinunciare alla falsa illuminazione

1. **Verifica** la tua esposizione: hai letto libri mistici, praticato la guarigione energetica, seguito gli oroscopi o indossato fili rossi?
2. **Pentitevi** di aver cercato la luce al di fuori di Cristo.
3. **Rompere i legami** con:
   - Insegnamenti della Kabbalah/Zohar
   - Medicina energetica o attivazione della luce
   - Invocazioni angeliche o decodifica dei nomi
   - Geometria sacra, numerologia o "codici"
4. **Prega ad alta voce** :

"Gesù, Tu sei la Luce del mondo. Rinuncio a ogni falsa luce, a ogni insegnamento occulto e a ogni trappola mistica. Ritorno a Te come mia unica fonte di verità!"

1. **Scritture da dichiarare** :
   - Giovanni 8:12
   - Deuteronomio 18:10–12

- Isaia 2:6
- 2 Corinzi 11:13–15

Domanda di gruppo

- Chiedi: tu (o la tua famiglia) hai mai partecipato o sei stato esposto a insegnamenti New Age, numerologia, Kabbalah o mistici della "luce"?
- Rinuncia di gruppo alla falsa luce e nuova dedizione a Gesù come unica Luce.
- Utilizzate immagini di sale e luce: date a ogni partecipante un pizzico di sale e una candela per dichiarare: "Io sono sale e luce solo in Cristo".

Intuizione chiave

Non tutta la luce è santa. Ciò che illumina al di fuori di Cristo alla fine consumerà.

Diario di riflessione

- Ho cercato conoscenza, potere o guarigione al di fuori della Parola di Dio?
- Di quali strumenti o insegnamenti spirituali devo liberarmi?
- C'è qualcuno a cui ho fatto conoscere le pratiche New Age o "leggere" che ora devo guidare di nuovo?

Preghiera di liberazione

Padre, esco dal mio accordo con ogni spirito di falsa luce, misticismo e conoscenza segreta. Rinuncio alla Cabala, alla numerologia, alla geometria sacra e a ogni codice oscuro che si spaccia per luce. Dichiaro che Gesù è la Luce della mia vita. Mi allontano dal sentiero dell'inganno e avanzo nella verità. Purificami con il Tuo fuoco e riempimi di Spirito Santo. Nel nome di Gesù. Amen.

GIORNO 29: IL VELO DEGLI ILLUMINATI — SMASCHERARE LE RETI OCCULTE D'ÉLITE

"*I re della terra si sollevano e i principi si radunano insieme contro il Signore e contro il suo Unto.*" — Salmo 2:2

"*Non c'è nulla di nascosto che non sarà svelato, né di segreto che non sarà portato alla luce.*" — Luca 8:17

C'è un mondo dentro il nostro mondo. Nascosto in bella vista.

Da Hollywood all'alta finanza, dai corridoi politici agli imperi musicali, una rete di alleanze oscure e contratti spirituali governa i sistemi che plasmano la cultura, il pensiero e il potere. È più di una cospirazione: è un'antica ribellione riconfezionata per il palcoscenico moderno.

Gli Illuminati, in fondo, non sono semplicemente una società segreta: sono un'organizzazione luciferina. Una piramide spirituale in cui coloro che si trovano al vertice giurano fedeltà attraverso il sangue, i rituali e lo scambio di anime, spesso avvolti in simboli, mode e cultura pop per condizionare le masse.

Non si tratta di paranoia. Si tratta di consapevolezza.

UNA STORIA VERA: UN viaggio dalla fama alla fede

Marcus era un produttore musicale emergente negli Stati Uniti. Quando il suo terzo grande successo scalò le classifiche, fu introdotto in un club esclusivo: uomini e donne potenti, "mentori" spirituali, contratti intrisi di segretezza. All'inizio, sembrava un mentoring d'élite. Poi arrivarono le sessioni di "invocazione": stanze buie, luci rosse, canti e rituali con gli specchi. Iniziò a sperimentare viaggi extracorporei, voci che gli sussurravano canzoni di notte.

Una notte, sotto l'effetto di sostanze stupefacenti e tormentati, tentò il suicidio. Ma Gesù intervenne. L'intercessione di una nonna in preghiera lo aiutò. Fuggì, rinunciò al sistema e iniziò un lungo percorso di liberazione. Oggi, denuncia l'oscurità dell'industria musicale attraverso una musica che testimonia la luce.

SISTEMI DI CONTROLLO nascosti

- **Sacrifici di sangue e rituali sessuali** – L'iniziazione al potere richiede uno scambio: corpo, sangue o innocenza.
- **Programmazione mentale (schemi MK Ultra)** – Utilizzata nei media, nella musica e nella politica per creare identità e gestori fratturati.
- **Simbolismo** : occhi piramidali, fenici, pavimenti a scacchiera, gufi e stelle capovolte: porte di fedeltà.
- **Dottrina luciferina** : "Fai ciò che vuoi", "Diventa il tuo dio", " Illuminazione del portatore di luce ".

Piano d'azione: liberarsi dalle reti d'élite

1. **Pentitevi** di aver preso parte a qualsiasi sistema legato all'emancipazione occulta, anche inconsapevolmente (musica, media, contratti).
2. **Rinunciate** alla fama a tutti i costi, ai patti nascosti o al fascino degli stili di vita d'élite.
3. **Prega per** ogni contratto, marchio o rete di cui fai parte. Chiedi allo Spirito Santo di svelare i legami nascosti.
4. **Dichiara ad alta voce** :

"Rifiuto ogni sistema, giuramento e simbolo dell'oscurità. Appartengo al Regno della Luce. La mia anima non è in vendita!"

1. **Scritture di ancoraggio** :
    - Isaia 28:15–18 – Il patto con la morte non sussisterà
    - Salmo 2 – Dio ride delle cospirazioni malvagie
    - 1 Corinzi 2:6–8 – I dominatori di questo mondo non

hanno compreso la sapienza di Dio

DOMANDA DI GRUPPO

- Guida il gruppo in una sessione **di purificazione dei simboli** : porta immagini o loghi su cui i partecipanti hanno domande.
- Incoraggia le persone a condividere dove hanno visto i simboli degli Illuminati nella cultura pop e come hanno plasmato le loro opinioni.
- Invitare i partecipanti a **riconfermare la propria influenza** (musica, moda, media) allo scopo di Cristo.

Intuizione chiave

L'inganno più potente è quello che si nasconde nel fascino. Ma quando la maschera viene tolta, le catene si spezzano.

Diario di riflessione

- Sono attratto da simboli o movimenti che non comprendo appieno?
- Ho fatto voti o preso accordi per ottenere influenza o fama?
- Quale parte del mio dono o della mia piattaforma devo consegnare di nuovo a Dio?

Preghiera di libertà

Padre, rifiuto ogni struttura nascosta, giuramento e influenza degli Illuminati e dell'élite occulta. Rinuncio alla fama senza di Te, al potere senza scopo e alla conoscenza senza lo Spirito Santo. Annullo ogni patto di sangue o parola mai stipulato su di me, consapevolmente o inconsapevolmente. Gesù, Ti intronizzo come Signore della mia mente, dei miei doni e del mio destino. Smaschera e distruggi ogni catena invisibile. Nel Tuo nome mi alzo e cammino nella luce. Amen.

GIORNO 30: LE SCUOLE DEL MISTERO — ANTICHI SEGRETI, SCHIAVITÙ MODERNA

"*La loro gola è un sepolcro aperto; le loro lingue tramarono inganni. Sulle loro labbra c'è un veleno di vipere.*" — Romani 3:13

"*Non chiamate congiura tutto ciò che questo popolo chiama congiura; non temete ciò che esso teme... Il Signore degli eserciti è colui che dovete considerare santo...*" — Isaia 8:12–13

Molto prima degli Illuminati, esistevano le antiche scuole misteriche – Egitto, Babilonia, Grecia, Persia – progettate non solo per trasmettere la "conoscenza", ma anche per risvegliare poteri soprannaturali attraverso rituali oscuri. Oggi, queste scuole sono riesumate in università d'élite, ritiri spirituali, campi di "consapevolezza", persino attraverso corsi di formazione online mascherati da percorsi di sviluppo personale o di risveglio della coscienza di alto livello.

Dai circoli della Kabbalah alla Teosofia, agli Ordini Ermetici e al Rosacrocianesimo, l'obiettivo è lo stesso: "diventare come degli dei", risvegliando il potere latente senza arrendersi a Dio. Canti nascosti, geometria sacra, proiezione astrale, sblocco della ghiandola pineale e rituali cerimoniali portano molti alla schiavitù spirituale sotto le mentite spoglie della "luce".

Ma ogni "luce" che non abbia radici in Gesù è una luce falsa. E ogni giuramento nascosto deve essere infranto.

Storia vera: da esperto ad abbandonato

Sandra*, una wellness coach sudafricana, è stata iniziata a un ordine misterico egizio attraverso un programma di mentoring. Il training includeva allineamenti dei chakra, meditazioni sul sole, rituali lunari e antiche pergamene di saggezza. Ha iniziato a sperimentare "download" e "ascensioni", che presto si sono trasformate in attacchi di panico, paralisi del sonno ed episodi suicidi.

Quando un ministro della liberazione ne smascherò la fonte, Sandra si rese conto che la sua anima era vincolata da voti e contratti spirituali. Rinunciare all'ordine significava perdere reddito e contatti, ma aveva guadagnato la libertà. Oggi gestisce un centro di guarigione incentrato su Cristo, mettendo in guardia gli altri dagli inganni del New Age.

I fili conduttori delle scuole misteriche odierne

- **Cerchi della Kabbalah** : misticismo ebraico mescolato a numerologia, culto degli angeli e piani astrali.
- **Ermetismo** – Dottrina del "come in alto, così in basso"; che conferisce all'anima il potere di manipolare la realtà.
- **Rosacroce** : ordini segreti legati alla trasformazione alchemica e all'ascensione spirituale.
- **Massoneria e confraternite esoteriche** : progressione stratificata verso la luce nascosta; ogni grado è vincolato da giuramenti e rituali.
- **Ritiri spirituali** : cerimonie di "illuminazione" psichedelica con sciamani o "guide".

Piano d'azione: spezzare gli antichi gioghi

1. **Rinunciare a** tutti i patti stipulati tramite iniziazioni, corsi o contratti spirituali al di fuori di Cristo.
2. **Annullare** il potere di ogni fonte di "luce" o di "energia" che non sia radicata nello Spirito Santo.
3. **Purifica** la tua casa dai simboli: ankh, occhio di Horus, geometria sacra, altari, incenso, statue o libri rituali.
4. **Dichiarare ad alta voce** :

"Rifiuto ogni antico e moderno sentiero verso la falsa luce. Mi sottometto a Gesù Cristo, la vera Luce. Ogni giuramento segreto è infranto dal Suo sangue."

SCRITTURE DI ANCORAGGIO

- Colossesi 2:8 – Nessuna filosofia vuota e ingannevole

- Giovanni 1:4–5 – La vera Luce splende nelle tenebre
- 1 Corinzi 1:19–20 – Dio distrugge la sapienza dei sapienti

DOMANDA DI GRUPPO

- Organizza una serata simbolica di "rogo dei rotoli" (Atti 19:19), in cui i membri del gruppo portano e distruggono libri, gioielli e oggetti occulti.
- Pregate per le persone che hanno "scaricato" strane conoscenze o aperto i chakra del terzo occhio attraverso la meditazione.
- Guida i partecipanti attraverso una preghiera **di "trasferimento della luce"**, chiedendo allo Spirito Santo di prendere il controllo di ogni area precedentemente abbandonata alla luce occulta.

INTUIZIONE CHIAVE

Dio non nasconde la verità in enigmi e rituali: la rivela attraverso Suo Figlio. Fai attenzione alla "luce" che ti attira nell'oscurità.

DIARIO DI RIFLESSIONE

- Mi sono iscritto a qualche scuola online o fisica che promette saggezza antica, attivazione o poteri misteriosi?
- Ci sono libri, simboli o rituali che un tempo pensavo fossero innocui ma che ora mi fanno sentire in colpa?
- Dove ho cercato più esperienza spirituale che nel rapporto con Dio?

Preghiera di liberazione

Signore Gesù, Tu sei la Via, la Verità e la Luce. Mi pento di ogni cammino intrapreso che ha aggirato la Tua Parola. Rinuncio a tutte le scuole misteriche, agli ordini segreti, ai giuramenti e alle iniziazioni. Rompo i legami dell'anima con tutte le guide, gli insegnanti, gli spiriti e i sistemi radicati in antichi inganni.

Fai risplendere la Tua luce in ogni angolo nascosto del mio cuore e riempimi della verità del Tuo Spirito. Nel nome di Gesù, cammino libero. Amen.

GIORNO 31: KABBALAH, GEOMETRIA SACRA E INGANNO DELLA LUCE D'ÉLITE

"*Perché Satana stesso si traveste da angelo di luce.*" — 2 Corinzi 11:14

"*Le cose occulte appartengono al Signore nostro Dio, ma le cose rivelate appartengono a noi...*" — Deuteronomio 29:29

Nella nostra ricerca della conoscenza spirituale, si cela un pericolo: il fascino della "saggezza nascosta" che promette potere, luce e divinità al di fuori di Cristo. Dai circoli delle celebrità alle logge segrete, dall'arte all'architettura, un sistema di inganni si snoda in tutto il mondo, attirando i ricercatori nella rete esoterica della **Cabala** , **della geometria sacra** e **degli insegnamenti misterici** .

Queste non sono innocue esplorazioni intellettuali. Sono porte d'accesso a patti spirituali con angeli caduti mascherati da luce.

MANIFESTAZIONI GLOBALI

- **Hollywood e industria musicale** : molte celebrità indossano apertamente braccialetti della Kabbalah o tatuano simboli sacri (come l'Albero della Vita) che risalgono al misticismo occulto ebraico.
- **Moda e architettura** : disegni massonici e motivi geometrici sacri (il Fiore della Vita, gli esagrammi, l'Occhio di Horus) sono incorporati in abiti, edifici e arte digitale.
- **Medio Oriente ed Europa** : i centri di studio della Kabbalah prosperano tra le élite, spesso mescolando il misticismo con la

numerologia, l'astrologia e le invocazioni angeliche.
- **Circoli online e New Age in tutto il mondo** : YouTube, TikTok e podcast normalizzano gli insegnamenti sui "codici di luce", sui "portali energetici", sulle "vibrazioni 3–6–9" e sulla "matrice divina" basati sulla geometria sacra e sui quadri cabalistici.

Storia vera: quando la luce diventa una bugia

Jana, una ventisettenne svedese, ha iniziato a esplorare la Kabbalah dopo aver seguito il suo cantante preferito, che le attribuiva il suo "risveglio creativo". Ha comprato il braccialetto di filo rosso, ha iniziato a meditare con mandala geometrici e ha studiato i nomi degli angeli da antichi testi ebraici.

Le cose cominciarono a cambiare. I suoi sogni divennero strani. Sentiva degli esseri accanto a lei nel sonno, che le sussurravano saggezza, e poi le chiedevano sangue. Le ombre la seguivano, eppure lei desiderava più luce.

Alla fine, si è imbattuta in un video di liberazione online e ha capito che il suo tormento non era l'ascensione spirituale, ma l'inganno spirituale. Dopo sei mesi di sessioni di liberazione, digiuno e combustione di ogni oggetto cabalistico in casa, la pace ha iniziato a tornare. Ora avverte gli altri attraverso il suo blog: "La falsa luce mi ha quasi distrutta".

DISCERNERE IL PERCORSO

La Kabbalah, sebbene talvolta vestita con abiti religiosi, rifiuta Gesù Cristo come unica via verso Dio. Spesso eleva il **"sé divino"** , promuove **la canalizzazione** e **l'ascensione dell'albero della vita** , e usa **il misticismo matematico** per evocare il potere. Queste pratiche aprono **porte spirituali** , non verso il cielo, ma verso entità mascherate da portatori di luce.

Molte dottrine cabalistiche si intersecano con:

- Massoneria
- Rosacrocianesimo
- Gnosticismo
- Culti dell'illuminazione luciferina

Il denominatore comune? La ricerca della divinità senza Cristo.

Piano d'azione: smascherare e sradicare la falsa luce

1. **Pentitevi** di ogni coinvolgimento con la Kabbalah, la numerologia, la geometria sacra o gli insegnamenti delle "scuole misteriche".
2. **Distruggi** nella tua casa gli oggetti collegati a queste pratiche: mandala, altari, testi della Kabbalah, griglie di cristallo, gioielli con simboli sacri.
3. **Rinunciate agli spiriti della falsa luce** (ad esempio Metatron, Raziel, Shekinah in forma mistica) e comandate a ogni angelo contraffatto di andarsene.
4. **Immergiti** nella semplicità e nella sufficienza di Cristo (2 Corinzi 11:3).
5. **Digiuna e ungiti** – occhi, fronte, mani – rinunciando a ogni falsa saggezza e dichiarando la tua fedeltà solo a Dio.

Domanda di gruppo

- Condividi eventuali incontri con "insegnamenti di luce", numerologia, media della Kabbalah o simboli sacri.
- Come gruppo, elencate frasi o credenze che suonano "spirituali" ma che si oppongono a Cristo (ad esempio, "Io sono divino", "l'universo provvede", "la coscienza di Cristo").
- Ungi ogni persona con olio mentre proclami Giovanni 8:12: *"Gesù è la luce del mondo".*
- Brucia o getta via qualsiasi materiale o oggetto che faccia riferimento alla geometria sacra, al misticismo o ai "codici divini".

INTUIZIONE CHIAVE

Satana non viene prima come distruttore. Spesso viene come illuminatore, offrendo conoscenza segreta e falsa luce. Ma quella luce conduce solo a tenebre più profonde.

Diario di riflessione

- Ho aperto il mio spirito a qualche "luce spirituale" che ha bypassato Cristo?
- Ci sono simboli, frasi o oggetti che pensavo fossero innocui ma che ora riconosco come portali?
- Ho privilegiato la saggezza personale rispetto alla verità biblica?

Preghiera di liberazione

Padre, rinuncio a ogni falsa luce, insegnamento mistico e conoscenza segreta che ha intrappolato la mia anima. Confesso che solo Gesù Cristo è la vera Luce del mondo. Rifiuto la Cabala, la geometria sacra, la numerologia e tutte le dottrine demoniache. Che ogni spirito contraffatto sia ora sradicato dalla mia vita. Purifica i miei occhi, i miei pensieri, la mia immaginazione e il mio spirito. Sono solo Tuo: spirito, anima e corpo. Nel nome di Gesù. Amen.

GIORNO 3 2: LO SPIRITO SERPENTE INTERIORE — QUANDO LA LIBERAZIONE ARRIVA TROPPO TARDI

"*Hanno occhi pieni di adulterio... adescano le anime instabili... hanno seguito la via di Balaam... al quale è riservata l'oscurità delle tenebre in eterno.*" — 2 Pietro 2:14–17

"*Non vi ingannate: Dio non si può beffare. L'uomo miete ciò che semina.*" — Galati 6:7

Esiste una contraffazione demoniaca che si spaccia per illuminazione. Guarisce, energizza, potenzia, ma solo per un periodo. Sussurra misteri divini, apre il "terzo occhio", scatena il potere nella spina dorsale, e poi **ti rende schiavo del tormento**.

È **Kundalini**.

Lo **spirito serpente**.

Il falso "spirito santo" della New Age.

Una volta attivata – attraverso yoga, meditazione, sostanze psichedeliche, traumi o rituali occulti – questa forza si avvolge alla base della colonna vertebrale e sale come fuoco attraverso i chakra. Molti credono che si tratti di un risveglio spirituale. In realtà, è **una possessione demoniaca** mascherata da energia divina.

Ma cosa succede quando **non se ne va**?

Storia vera: "Non riesco a spegnerlo"

Marissa, una giovane cristiana canadese, aveva sperimentato lo "yoga cristiano" prima di dedicare la sua vita a Cristo. Amava le sensazioni di pace, le vibrazioni, le visioni luminose. Ma dopo un'intensa sessione in cui sentì la sua spina dorsale "infiammarsi", perse i sensi e si svegliò senza riuscire a respirare. Quella notte, qualcosa iniziò **a tormentare il suo sonno**, torcendole il corpo, apparendole nei sogni come "Gesù", ma prendendola in giro.

Ricevette **la liberazione** cinque volte. Gli spiriti se ne andavano, ma poi tornavano. La sua spina dorsale vibrava ancora. I suoi occhi vedevano costantemente nel regno degli spiriti. Il suo corpo si muoveva involontariamente. Nonostante la salvezza, ora stava attraversando un inferno che pochi cristiani comprendevano. Il suo spirito era salvo, ma la sua anima era stata **violata, spaccata e frammentata**.

Le conseguenze di cui nessuno parla

- **Il terzo occhio rimane aperto** : visioni costanti, allucinazioni, rumore spirituale, "angeli" che dicono bugie.
- **Il corpo non smette di vibrare** : energia incontrollabile, pressione nel cranio, palpitazioni cardiache.
- **Tormento incessante** : anche dopo più di 10 sessioni di liberazione.
- **Isolamento** : i pastori non capiscono. Le chiese ignorano il problema. La persona viene etichettata come "instabile".
- **Paura dell'inferno** : non a causa del peccato, ma a causa del tormento che non vuole finire.

I cristiani possono raggiungere un punto di non ritorno?

Sì, in questa vita. Puoi essere **salvato**, ma così frammentato che **la tua anima sarà tormentata fino alla morte**.

Questo non è allarmismo. È un **avvertimento profetico**.

Esempi globali

- **Africa** – Falsi profeti rilasciano il fuoco Kundalini durante le funzioni religiose: la gente si contorce, schiuma, ride o ruggisce.
- **Asia** – I maestri di yoga ascendono allo stato di "siddhi" (possessione demoniaca) e lo chiamano coscienza divina.
- **Europa/Nord America** – Movimenti neocarismatici che canalizzano "regni di gloria", abbaiando, ridendo, cadendo in modo incontrollabile – non di Dio.
- **America Latina** – Risvegli sciamanici che utilizzano l'ayahuasca (droga vegetale) per aprire porte spirituali che non possono chiudere.

PIANO D'AZIONE: SE sei andato troppo oltre

1. **Confessa il portale esatto** : Kundalini yoga, meditazioni del terzo occhio, chiese new age, sostanze psichedeliche, ecc.
2. **Smetti di cercare la liberazione** : alcuni spiriti tormentano più a lungo quando continui a infondere in loro potere la paura.
3. **Ancoratevi alle Scritture** OGNI GIORNO, in particolare al Salmo 119, Isaia 61 e Giovanni 1. Queste rinnovano l'anima.
4. **Sottomettiti alla comunità** : trova almeno un credente pieno di Spirito Santo con cui camminare. L'isolamento rafforza i demoni.
5. **Rinuncia a ogni "vista" spirituale, fuoco, conoscenza, energia** , anche se ti sembra sacro.
6. **Chiedi misericordia a Dio** . Non una volta. Ogni giorno. Ogni ora. Persisti. Dio potrebbe non toglierla all'istante, ma ti sosterrà.

DOMANDA DI GRUPPO

- Prenditi un momento di riflessione silenziosa. Chiediti: ho perseguito il potere spirituale piuttosto che la purezza spirituale?
- Pregate per coloro che soffrono un tormento incessante. NON promettete la libertà immediata, promettete **il discepolato** .
- Insegna la differenza tra il **frutto dello Spirito** (Galati 5:22–23) **e le manifestazioni dell'anima** (tremore, calore, visioni).
- Brucia o distruggi ogni oggetto New Age: simboli dei chakra, cristalli, tappetini da yoga, libri, oli, "carte di Gesù".

Intuizione chiave

C'è un **limite** che può essere oltrepassato: quando l'anima diventa una porta aperta e si rifiuta di chiudersi. Il tuo spirito può essere salvato... ma la tua anima e il tuo corpo potrebbero ancora vivere nel tormento se sei stato contaminato dalla luce occulta.

Diario di riflessione

- Ho mai ricercato il potere, il fuoco o la visione profetica più della santità e della verità?
- Ho aperto delle porte attraverso pratiche New Age "cristianizzate"?
- Sono disposto a **camminare ogni giorno** con Dio anche se la liberazione completa richiede anni?

Preghiera di sopravvivenza

Padre, invoco pietà. Rinuncio a ogni spirito serpente, potere Kundalini, apertura del terzo occhio, falso fuoco o contraffazione new age che abbia mai toccato. Rendo la mia anima, fratturata com'è, a Te. Gesù, salvami non solo dal peccato, ma dal tormento. Sigilla le mie porte. Guarisci la mia mente. Chiudi i miei occhi. Schiaccia il serpente nella mia spina dorsale. Ti aspetto, anche nel dolore. E non mi arrenderò. Nel nome di Gesù. Amen.

GIORNO 33: LO SPIRITO SERPENTE INTERIORE — QUANDO LA LIBERAZIONE ARRIVA TROPPO TARDI

"*Hanno occhi pieni di adulterio... adescano le anime instabili... hanno seguito la via di Balaam... al quale è riservata l'oscurità delle tenebre in eterno.*" — 2 Pietro 2:14–17

"*Non vi ingannate: Dio non si può beffare. L'uomo miete ciò che semina.*" — Galati 6:7

Esiste una contraffazione demoniaca che si spaccia per illuminazione. Guarisce, energizza, potenzia, ma solo per un periodo. Sussurra misteri divini, apre il "terzo occhio", scatena il potere nella spina dorsale, e poi **ti rende schiavo del tormento**.

È **Kundalini**.

Lo **spirito serpente**.

Il falso "spirito santo" della New Age.

Una volta attivata – attraverso yoga, meditazione, sostanze psichedeliche, traumi o rituali occulti – questa forza si avvolge alla base della colonna vertebrale e sale come fuoco attraverso i chakra. Molti credono che si tratti di un risveglio spirituale. In realtà, è **una possessione demoniaca** mascherata da energia divina.

Ma cosa succede quando **non se ne va**?

Storia vera: "Non riesco a spegnerlo"

Marissa, una giovane cristiana canadese, aveva sperimentato lo "yoga cristiano" prima di dedicare la sua vita a Cristo. Amava le sensazioni di pace, le vibrazioni, le visioni luminose. Ma dopo un'intensa sessione in cui sentì la sua spina dorsale "infiammarsi", perse i sensi e si svegliò senza riuscire a respirare. Quella notte, qualcosa iniziò **a tormentare il suo sonno**, torcendole il corpo, apparendole nei sogni come "Gesù", ma prendendola in giro.

Ricevette **la liberazione** cinque volte. Gli spiriti se ne andavano, ma poi tornavano. La sua spina dorsale vibrava ancora. I suoi occhi vedevano costantemente nel regno degli spiriti. Il suo corpo si muoveva involontariamente. Nonostante la salvezza, ora stava attraversando un inferno che pochi cristiani comprendevano. Il suo spirito era salvo, ma la sua anima era stata **violata, spaccata e frammentata** .

Le conseguenze di cui nessuno parla

- **Il terzo occhio rimane aperto** : visioni costanti, allucinazioni, rumore spirituale, "angeli" che dicono bugie.
- **Il corpo non smette di vibrare** : energia incontrollabile, pressione nel cranio, palpitazioni cardiache.
- **Tormento incessante** : anche dopo più di 10 sessioni di liberazione.
- **Isolamento** : i pastori non capiscono. Le chiese ignorano il problema. La persona viene etichettata come "instabile".
- **Paura dell'inferno** : non a causa del peccato, ma a causa del tormento che non vuole finire.

I cristiani possono raggiungere un punto di non ritorno?

Sì, in questa vita. Puoi essere **salvato** , ma così frammentato che **la tua anima sarà tormentata fino alla morte** .

Questo non è allarmismo. È un **avvertimento profetico** .

Esempi globali

- **Africa** – Falsi profeti rilasciano il fuoco Kundalini durante le funzioni religiose: la gente si contorce, schiuma, ride o ruggisce.
- **Asia** – I maestri di yoga ascendono allo stato di "siddhi" (possessione demoniaca) e lo chiamano coscienza divina .
- **Europa/Nord America** – Movimenti neocarismatici che canalizzano "regni di gloria", abbaiando, ridendo, cadendo in modo incontrollabile – non di Dio.
- **America Latina** – Risvegli sciamanici che utilizzano l'ayahuasca (droga vegetale) per aprire porte spirituali che non possono chiudere.

Piano d'azione: se sei andato troppo oltre

1. **Confessa il portale esatto** : Kundalini yoga, meditazioni del terzo occhio, chiese new age, sostanze psichedeliche, ecc.
2. **Smetti di cercare la liberazione** : alcuni spiriti tormentano più a lungo quando continui a infondere in loro potere la paura.
3. **Ancoratevi alle Scritture** OGNI GIORNO, in particolare al Salmo 119, Isaia 61 e Giovanni 1. Queste rinnovano l'anima.
4. **Sottomettiti alla comunità** : trova almeno un credente pieno di Spirito Santo con cui camminare. L'isolamento rafforza i demoni.
5. **Rinuncia a ogni "vista" spirituale, fuoco, conoscenza, energia** , anche se ti sembra sacro.
6. **Chiedi misericordia a Dio** . Non una volta. Ogni giorno. Ogni ora. Persisti. Dio potrebbe non togliertela all'istante, ma ti sosterrà.

Domanda di gruppo

- Prenditi un momento di riflessione silenziosa. Chiediti: ho perseguito il potere spirituale piuttosto che la purezza spirituale?
- Pregate per coloro che soffrono un tormento incessante. NON promettete la libertà immediata, promettete **il discepolato** .
- Insegna la differenza tra il **frutto dello Spirito** (Galati 5:22–23) e **le manifestazioni dell'anima** (tremore, calore, visioni).
- Brucia o distruggi ogni oggetto New Age: simboli dei chakra, cristalli, tappetini da yoga, libri, oli, "carte di Gesù".

Intuizione chiave

C'è un **limite** che può essere oltrepassato: quando l'anima diventa una porta aperta e si rifiuta di chiudersi. Il tuo spirito può essere salvato... ma la tua anima e il tuo corpo potrebbero ancora vivere nel tormento se sei stato contaminato dalla luce occulta.

Diario di riflessione

- Ho mai ricercato il potere, il fuoco o la visione profetica più della santità e della verità?
- Ho aperto delle porte attraverso pratiche New Age "cristianizzate"?
- Sono disposto a **camminare ogni giorno** con Dio anche se la liberazione completa richiede anni?

Preghiera di sopravvivenza

Padre, invoco pietà. Rinuncio a ogni spirito serpente, potere Kundalini, apertura del terzo occhio, falso fuoco o contraffazione new age che abbia mai toccato. Rendo la mia anima, fratturata com'è, a Te. Gesù, salvami non solo dal peccato, ma dal tormento. Sigilla le mie porte. Guarisci la mia mente. Chiudi i miei occhi. Schiaccia il serpente nella mia spina dorsale. Ti aspetto, anche nel dolore. E non mi arrenderò. Nel nome di Gesù. Amen.

GIORNO 34: MASSONI, CODICI E MALEDIZIONI — Quando la fratellanza diventa schiavitù

"*Non partecipate alle opere infruttuose delle tenebre, ma piuttosto condannatele.*" — Efesini 5:11

"*Non farete alleanza con loro né con i loro dèi.*" — Esodo 23:32

Le società segrete promettono successo, legami e antica saggezza. Offrono **giuramenti, lauree e segreti** tramandati "per uomini buoni". Ma ciò che molti non sanno è che queste società sono **altari di patti**, spesso costruiti sul sangue, sull'inganno e sulla fedeltà demoniaca.

Dalla Massoneria alla Cabala, dai Rosacroce alla Skull & Bones, queste organizzazioni non sono semplici club. Sono **contratti spirituali**, forgiati nell'oscurità e sigillati con riti che **maledicono generazioni**.

Alcuni si unirono volontariamente. Altri avevano antenati che lo fecero.

In ogni caso, la maledizione rimane... finché non viene spezzata.

Un'eredità nascosta: la storia di Jason

Jason, un banchiere di successo negli Stati Uniti, aveva tutto a suo favore: una bella famiglia, ricchezza e influenza. Ma di notte si svegliava soffocando, vedendo figure incappucciate e udendo incantesimi nei sogni. Suo nonno era un massone di 33° grado e Jason indossava ancora l'anello.

Una volta recitò scherzosamente i voti massonici a un evento del club, ma nel momento in cui lo fece, **qualcosa gli entrò dentro**. La sua mente iniziò a crollare. Sentì delle voci. Sua moglie lo lasciò. Cercò di porre fine a tutto.

Durante un ritiro, qualcuno percepì il legame massonico. Jason pianse mentre **rinunciava a ogni giuramento**, ruppe l'anello e si sottopose a una liberazione di tre ore. Quella notte, per la prima volta da anni, dormì in pace.

La sua testimonianza?

"Non si scherza con gli altari segreti. Parlano, finché non li fai tacere nel nome di Gesù."

RETE GLOBALE DELLA Fratellanza

- **Europa** – La Massoneria è profondamente radicata nel mondo degli affari, della politica e delle confessioni ecclesiastiche.
- **Africa** – Illuminati e ordini segreti che offrono ricchezze in cambio di anime; sette nelle università.
- **America Latina** – Infiltrazione gesuita e riti massonici mescolati al misticismo cattolico.
- **Asia** – Antiche scuole misteriche, sacerdozi templari legati a giuramenti generazionali.
- **Nord America** : Eastern Star, Rito Scozzese, confraternite come Skull & Bones, élite del Bohemian Grove.

Questi culti spesso invocano "Dio", ma non il **Dio della Bibbia** : fanno riferimento al **Grande Architetto** , una forza impersonale legata alla **luce luciferina** .

Segnali che indicano che sei affetto

- Malattia cronica che i medici non riescono a spiegare.
- Paura di avanzare o paura di rompere con i sistemi familiari.
- Sogni di vesti, rituali, porte segrete, logge o strane cerimonie.
- Depressione o follia nella linea maschile.
- Donne che lottano contro sterilità, abusi o paura.

Piano d'azione di liberazione

1. **Rinuncia a tutti i giuramenti conosciuti** , soprattutto se tu o la tua famiglia facevate parte della Massoneria, dei Rosacroce , della Stella d'Oriente, della Cabala o di qualsiasi altra "fratellanza".
2. **Supera ogni livello** , dall'Apprendista Ammesso al 33° Livello, per nome.

3. **Distruggi tutti i simboli** : anelli, grembiuli, libri, ciondoli, certificati, ecc.
4. **Chiudere la porta** , spiritualmente e legalmente, attraverso la preghiera e la dichiarazione.

Utilizza queste scritture:

- Isaia 28:18 — "Il vostro patto con la morte sarà annullato".
- Galati 3:13 — "Cristo ci ha redenti dalla maledizione della legge".
- Ezechiele 13:20–23 — "Strapperò i vostri veli e libererò il mio popolo".

Domanda di gruppo

- Chiedete se qualche membro avesse genitori o nonni in società segrete.
- Guida una **rinuncia** attraverso tutti i gradi della Massoneria (puoi creare uno script stampato per questo).
- Utilizzate atti simbolici: bruciate un vecchio anello o disegnate una croce sulla fronte per annullare il "terzo occhio" aperto nei rituali.
- Pregate sulla mente, sul collo e sulla schiena: questi sono luoghi comuni di schiavitù.

Intuizione chiave
La fratellanza senza il sangue di Cristo è una fratellanza di schiavitù.
Devi scegliere: alleanza con l'uomo o alleanza con Dio.
Diario di riflessione

- Qualcuno nella mia famiglia è mai stato coinvolto nella Massoneria, nel misticismo o nei giuramenti segreti?
- Ho recitato o imitato inconsapevolmente voti, credi o simboli legati a società segrete?
- Sono disposto a rompere la tradizione familiare per camminare pienamente nel patto di Dio?

Preghiera di rinuncia

Padre, nel nome di Gesù, rinuncio a ogni patto, giuramento o rituale legato alla Massoneria, alla Cabala o a qualsiasi società segreta, nella mia vita o nella mia discendenza. Rompo ogni grado, ogni menzogna, ogni diritto demoniaco concesso attraverso cerimonie o simboli. Dichiaro che Gesù Cristo è la mia unica Luce, il mio unico Architetto e il mio unico Signore. Ricevo la libertà ora, nel nome di Gesù. Amen.

GIORNO 35: STREGHE TRA I BANCHI — QUANDO IL MALE ENTRA DALLE PORTE DELLA CHIESA

"*Questi tali sono falsi apostoli, operai fraudolenti, che si travestono da apostoli di Cristo. E non c'è da meravigliarsene, perché anche Satana si traveste da angelo di luce.*" — 2 Corinzi 11:13–14

"*Conosco le tue opere, il tuo amore e la tua fede... Ma ho questo contro di te: tu tolleri quella donna, Iezabel, che si spaccia per profetessa...*" — Apocalisse 2:19–20

La strega più pericolosa non è quella che vola di notte.

È quella che **ti siede accanto in chiesa**.

Non indossano tuniche nere né cavalcano scope.

Guidano incontri di preghiera. Cantano nei gruppi di adorazione. Profetizzano in lingue. Sono pastori di chiese. Eppure... sono **portatori di oscurità**.

Alcuni sanno esattamente cosa stanno facendo: sono inviati come assassini spirituali.

Altri sono vittime di stregoneria ancestrale o ribellione, e operano con doni **impuri**.

La Chiesa come copertura: la storia di "Miriam"

Miriam era una popolare ministro della liberazione in una grande chiesa dell'Africa occidentale. La sua voce comandava ai demoni di fuggire. Le persone viaggiavano attraverso le nazioni per essere unte da lei.

Ma Miriam aveva un segreto: di notte, usciva dal suo corpo. Vedeva le case dei membri della chiesa, le loro debolezze e le loro linee di sangue. Pensava che fosse la "profezia".

Il suo potere crebbe. Ma con lui anche il suo tormento.

Iniziò a sentire voci. Non riusciva a dormire. I suoi figli furono aggrediti. Suo marito la lasciò.

Alla fine confessò: da bambina era stata "attivata" dalla nonna, una potente strega che la faceva dormire sotto coperte maledette.

"Pensavo di essere pieno di Spirito Santo. Era uno spirito... ma non Santo."

Ha vissuto la liberazione. Ma la guerra non si è mai fermata. Dice:

"Se non mi fossi confessato, sarei morto su un altare, nel fuoco... in chiesa."

Situazioni globali della stregoneria nascosta nella Chiesa

- **Africa** – Invidia spirituale. Profeti che praticano la divinazione, rituali, spiriti dell'acqua. Molti altari sono in realtà portali.
- **Europa** – Medium psichici mascherati da "coach spirituali". Stregoneria mascherata da cristianesimo new age.
- **Asia** – Le sacerdotesse del tempio entrano nelle chiese per lanciare maledizioni e convertire i convertiti tramite il monitoraggio astrale.
- **America Latina** – Santería – "pastori" praticanti che predicano la liberazione ma sacrificano polli di notte.
- **Nord America** – Streghe cristiane che affermano di essere "Gesù e i tarocchi", guaritori energetici sui palchi delle chiese e pastori coinvolti in riti massonici.

Segni di stregoneria all'opera nella Chiesa

- Atmosfera pesante o confusione durante il culto.
- Sogni di serpenti, sesso o animali dopo le funzioni religiose.
- Leadership che improvvisamente cade in un peccato o in uno scandalo.
- "Profezie" che manipolano, seducono o umiliano.
- Chiunque dica "Dio mi ha detto che sei mio marito/mia moglie".
- Strani oggetti ritrovati vicino al pulpito o agli altari.

PIANO D'AZIONE DI LIBERAZIONE

1. **Pregate per il discernimento** : chiedete allo Spirito Santo di rivelarvi se nella vostra comunità ci sono delle streghe nascoste.
2. **Mettete alla prova ogni spirito** , anche se sembra spirituale (1 Giovanni 4:1).
3. **Spezza i legami dell'anima** : se qualcuno impuro ha pregato per te, ti ha profetizzato qualcosa o ti ha toccato, **rinunciaci** .
4. **Prega per la tua chiesa** : dichiara che il fuoco di Dio smaschererà ogni altare nascosto, ogni peccato segreto e ogni sanguisuga spirituale.
5. **Se sei una vittima** , chiedi aiuto. Non restare in silenzio o da solo.

Domanda di gruppo

- Chiedi ai membri del gruppo: ti sei mai sentito a disagio o spiritualmente violato durante una funzione religiosa?
- Guida una **preghiera di purificazione collettiva** per la comunità.
- Ungi ogni persona e dichiara un **muro spirituale** attorno alle menti, agli altari e ai doni.
- Insegnate ai leader come **valutare i doni** e **mettere alla prova gli spiriti** prima di consentire alle persone di ricoprire ruoli visibili.

Intuizione chiave

Non tutti coloro che dicono "Signore, Signore" provengono dal Signore.

La chiesa è il **principale campo di battaglia** per la contaminazione spirituale, ma anche il luogo di guarigione quando la verità è sostenuta.

Diario di riflessione

- Ho ricevuto preghiere, insegnamenti o consigli da qualcuno la cui vita ha prodotto frutti profani?
- Ci sono momenti in cui mi sono sentito "strano" dopo la messa, ma ho ignorato la cosa?
- Sono disposto ad affrontare la stregoneria anche se indossa un abito o canta sul palco?

Preghiera di esposizione e libertà

Signore Gesù, Ti ringrazio per essere la vera Luce. Ti chiedo ora di smascherare ogni agente nascosto dell'oscurità che opera nella mia vita e nella mia comunità. Rinuncio a ogni imparto profano, falsa profezia o legame d'anima che ho ricevuto da impostori spirituali. Purificami con il Tuo sangue. Purifica i miei doni. Custodisci le mie porte. Brucia ogni spirito contraffatto con il Tuo fuoco sacro. Nel nome di Gesù. Amen.

GIORNO 36: INCANTESIMI CODIFICATI — QUANDO CANZONI, MODA E FILM DIVENTANO PORTALI

"*Non partecipate alle opere infruttuose delle tenebre, ma piuttosto condannatele.*" — Efesini 5:11

"*Non immischiatevi in favole profane e in dicerie da vecchie; esercitatevi piuttosto a essere pii.*" — 1 Timoteo 4:7

Non tutte le battaglie iniziano con un sacrificio di sangue.

Alcune iniziano con un **ritmo**.

Una melodia. Un testo orecchiabile che ti rimane impresso nell'anima. O un **simbolo** sui tuoi vestiti che pensavi fosse "cool".

O uno spettacolo "innocuo" che guardi di continuo mentre i demoni sorridono nell'ombra.

Nel mondo iperconnesso di oggi, la stregoneria è **codificata** e nascosta in **bella vista** attraverso i media, la musica, i film e la moda.

Un suono oscurato — Storia vera: "Le cuffie"

Elijah, un diciassettenne statunitense, ha iniziato ad avere attacchi di panico, notti insonni e sogni demoniaci. I suoi genitori cristiani pensavano che fosse stress.

Ma durante una sessione di liberazione, lo Spirito Santo ordinò al team di chiedere informazioni sulla sua **musica**.

Ha confessato: "Ascolto trap metal. So che è dark... ma mi aiuta a sentirmi potente".

Quando la band ha suonato una delle sue canzoni preferite durante la preghiera, si è verificata una **manifestazione**.

I beat erano codificati con **tracce di canti** tratti da rituali occulti. Il mascheramento all'indietro rivelava frasi come "sottometti la tua anima" e "Lucifero parla".

Una volta che Elijah cancellò la musica, si pentì e rinunciò alla connessione, la pace tornò.

La guerra era entrata attraverso le sue **porte uditive**.

Modelli di programmazione globali

- **Africa** – Canzoni afrobeat legate ai rituali del denaro; riferimenti al "juju" nascosti nei testi; marchi di moda con simboli del regno marino.
- **Asia** – K-pop con messaggi subliminali sessuali e di canalizzazione spirituale; personaggi anime permeati di tradizioni demoniache shintoiste.
- **America Latina** – Il reggaeton promuove i canti della Santería e gli incantesimi codificati all'indietro.
- **Europa** – Le case di moda (Gucci, Balenciaga) inseriscono immagini e rituali satanici nella cultura delle passerelle.
- **Nord America** – Film di Hollywood incentrati sulla stregoneria (Marvel, horror, film "luce contro oscurità"); cartoni animati che usano gli incantesimi per divertirsi.

Common Entry Portals (and Their Spirit Assignments)

Media Type	Portal	Demonic Assignment
Music	Beats/samples from rituals	Torment, violence, rebellion
TV Series	Magic, lust, murder glorification	Desensitization, soul dulling
Fashion	Symbols (serpent, eye, goat, triangles)	Identity confusion, spiritual binding
Video Games	Sorcery, blood rites, avatars	Astral transfer, addiction, occult alignment
Social Media	Trends on "manifestation," crystals, spells	Sorcery normalization

PIANO D'AZIONE: DISCERNERE, disintossicare, difendere

1. **Controlla la tua playlist, il tuo guardaroba e la cronologia delle tue visualizzazioni**. Cerca contenuti occulti, lussuriosi, ribelli o violenti.
2. **Chiedi allo Spirito Santo di smascherare** ogni influenza profana.
3. **Elimina e distruggi**. Non vendere o donare. Brucia o butta via qualsiasi cosa demoniaca, fisica o digitale.
4. **Ungi i tuoi dispositivi**, la tua stanza e le tue orecchie. Dichiarali santificati per la gloria di Dio.
5. **Sostituisci con la verità**: musica di adorazione, film divini, libri e letture delle Scritture che rinnovano la tua mente.

Domanda di gruppo

- Guida i membri in un "Inventario dei media". Lascia che ogni persona scriva spettacoli, canzoni o oggetti che sospetta possano essere portali.
- Pregate su telefoni e cuffie. Ungeteli.
- Fate un "digiuno di disintossicazione" di gruppo: da 3 a 7 giorni, senza media secolari. Nutritevi solo della Parola di Dio, dell'adorazione e della comunione.
- Testimoniare i risultati al prossimo incontro.

Intuizione chiave
I demoni non hanno più bisogno di un santuario per entrare in casa tua. Tutto ciò di cui hanno bisogno è il tuo consenso per premere play.

Diario di riflessione

- Cosa ho visto, sentito o indossato che potrebbe essere una porta aperta all'oppressione?
- Sono disposto a rinunciare a ciò che mi diverte se poi mi rende schiavo?
- Ho normalizzato la ribellione, la lussuria, la violenza o la presa in giro

in nome dell'"arte"?

PREGHIERA DI PURIFICAZIONE

Signore Gesù, mi presento a Te chiedendoti una completa disintossicazione spirituale. Smaschera ogni incantesimo codificato che ho lasciato entrare nella mia vita attraverso la musica, la moda, i giochi o i media. Mi pento di aver guardato, indossato e ascoltato ciò che Ti disonora. Oggi, recido i legami dell'anima. Scaccio ogni spirito di ribellione, stregoneria, lussuria, confusione o tormento. Purifica i miei occhi, le mie orecchie e il mio cuore. Ora dedico il mio corpo, i miei media e le mie scelte solo a Te. Nel nome di Gesù. Amen.

GIORNO 37: GLI ALTARI INVISIBILI DEL POTERE — MASSONI, KABBALAH ED ÉLITÀ OCCULTE

» *Di nuovo il diavolo lo condusse con sé sopra un monte altissimo e gli mostrò tutti i regni del mondo e la loro gloria, dicendo: "Tutte queste cose io ti darò se, prostrandoti, mi adorerai"*». — Matteo 4:8–9

«*Non potete bere il calice del Signore e il calice dei demòni; non potete partecipare alla mensa del Signore e alla mensa dei demòni*». — 1 Corinzi 10:21

Ci sono altari nascosti non nelle caverne, ma nelle sale riunioni.

Spiriti non solo nelle giungle, ma anche nei palazzi governativi, nelle torri finanziarie, nelle biblioteche della Ivy League e nei santuari camuffati da "chiese".

Benvenuti nel regno dell'occulto **d'élite** :

Massoni, Rosacroce , Cabalisti , Ordini Gesuiti, Stelle Orientali e ceti sacerdotali luciferini nascosti che **mascherano la loro devozione a Satana con rituali, segretezza e simboli** . I loro dei sono ragione, potere e antica conoscenza, ma le loro **anime sono votate all'oscurità** .

Nascosto in bella vista

- **La Massoneria** si maschera da confraternita di costruttori, ma i suoi gradi più alti invocano entità demoniache, pronunciano giuramenti di morte ed esaltano Lucifero come "portatore di luce".
- **La Kabbalah** promette un accesso mistico a Dio, ma sostituisce sottilmente Yahweh con mappe di energia cosmica e numerologia.
- **Il misticismo gesuita** , nelle sue forme corrotte, spesso fonde l'immaginario cattolico con la manipolazione spirituale e il controllo dei sistemi mondiali.
- **Hollywood, la moda, la finanza e la politica** sono tutti portatori di

messaggi in codice, simboli e **rituali pubblici che sono in realtà servizi di adorazione a Lucifero** .

Non è necessario essere una celebrità per esserne colpiti. Questi sistemi **inquinano le nazioni** attraverso:

- Programmazione multimediale
- Sistemi educativi
- Compromesso religioso
- Dipendenza finanziaria
- Rituali mascherati da "iniziazioni", "promesse" o "accordi di marca"

Storia vera: "La Loggia ha rovinato la mia stirpe"

Solomon (nome fittizio), un magnate britannico di successo, si unì a una loggia massonica per fare networking. Fece rapidamente carriera, ottenendo ricchezza e prestigio. Ma iniziò anche ad avere incubi terrificanti: uomini incappucciati che lo evocavano, giuramenti di sangue, animali oscuri che lo inseguivano. Sua figlia iniziò a tagliarsi, sostenendo che fosse stata una "presenza" a spingerla a farlo.

Una notte, vide un uomo nella sua stanza – metà umano e metà sciacallo – che gli disse: *"Sei mio. Il prezzo è stato pagato".* Si rivolse a un ministero di liberazione. Ci vollero **sette mesi di rinuncia, digiuno, rituali di vomito e sostituzione di ogni legame occulto** – prima che arrivasse la pace.

Scoprì in seguito che **suo nonno era un massone di 33° grado. Aveva solo continuato la tradizione senza saperlo.**

Portata globale

- **Africa** – Società segrete tra capi tribù, giudici, pastori, che giurano fedeltà a patti di sangue in cambio del potere.
- **Europa** – Cavalieri di Malta, logge illuministe e università esoteriche d'élite.
- **Nord America** – Fondamenti massonici nella maggior parte dei documenti fondativi, delle strutture giudiziarie e persino delle chiese.
- **Asia** – Culti del drago nascosto, ordini ancestrali e gruppi politici radicati in ibridi tra buddismo e sciamanesimo.

- **America Latina** – Culti sincretici che fondono santi cattolici con spiriti luciferini come Santa Muerte o Baphomet.

Piano d'azione: fuga dagli altari d'élite

1. **Rinunciare** a qualsiasi coinvolgimento nella Massoneria, nella Stella d'Oriente, nei giuramenti gesuiti, nei libri gnostici o nei sistemi mistici, persino allo studio "accademico" di tali argomenti.
2. **Distruggere** insegne, anelli, spille, libri, grembiuli, foto e simboli.
3. **Spezza le maledizioni verbali**, in particolare i giuramenti di morte e i voti di iniziazione. Usa Isaia 28:18 ("Il tuo patto con la morte sarà annullato...").
4. **Digiuna per 3 giorni** leggendo Ezechiele 8, Isaia 47 e Apocalisse 17.
5. **Sostituisci l'altare**: ridedicati solo all'altare di Cristo (Romani 12:1–2). Comunione. Adorazione. Unzione.

Non puoi essere contemporaneamente nelle corti del cielo e in quelle di Lucifero. Scegli il tuo altare.

Domanda di gruppo

- Individua le organizzazioni d'élite più diffuse nella tua regione e prega direttamente contro la loro influenza spirituale.
- Organizzare una sessione in cui i membri possano confessare in via confidenziale se le loro famiglie sono state coinvolte nella Massoneria o in culti simili.
- Portate olio e comunione: guidate una rinuncia di massa ai giuramenti, ai rituali e ai sigilli fatti in segreto.
- Rompete l'orgoglio e ricordate al gruppo: **nessun accesso vale la vostra anima.**

Intuizione chiave

Le società segrete promettono la luce. Ma solo Gesù è la Luce del Mondo. Ogni altro altare esige sangue, ma non può salvare.

Diario di riflessione

- Qualcuno della mia stirpe era coinvolto in società segrete o "ordini"?
- Ho letto o posseduto libri occulti mascherati da testi accademici?
- Quali simboli (pentagrammi, occhi onniveggenti, soli, serpenti, piramidi) sono nascosti nei miei vestiti, nelle mie opere d'arte o nei miei gioielli?

Preghiera di rinuncia

Padre, rinuncio a ogni società segreta, loggia, giuramento, rituale o altare che non sia fondato su Gesù Cristo. Rompo i patti dei miei padri, della mia stirpe e della mia stessa bocca. Rifiuto la Massoneria, la Cabala, il misticismo e ogni patto nascosto stipulato per il potere. Distruggo ogni simbolo, ogni sigillo e ogni menzogna che prometteva luce ma ha portato schiavitù. Gesù, Ti intronizzo di nuovo come mio unico Maestro. Fai risplendere la Tua luce in ogni luogo segreto. Nel Tuo nome, cammino libero. Amen.

GIORNO 38: PATTI DELL'UTERINO E REGNI D'ACQUA — QUANDO IL DESTINO VIENE CONTAMINATO PRIMA DELLA NASCITA

"*I malvagi sono sviati fin dal grembo materno; si sviano fin dalla nascita, dicendo menzogne.*" — Salmo 58:3

"*Prima di formarti nel grembo materno, ti ho conosciuto, prima che tu uscissi dal grembo, ti ho consacrato...*" — Geremia 1:5

E se le battaglie che stai combattendo non fossero iniziate dalle tue scelte, ma dal tuo concepimento?

Cosa succederebbe se il tuo nome venisse pronunciato in luoghi oscuri mentre eri ancora nel grembo materno?

Cosa succederebbe se **la tua identità venisse scambiata**, il tuo **destino venduto** e la tua **anima marchiata** prima ancora di respirare?

Questa è la realtà **dell'iniziazione subacquea**, **dei patti con gli spiriti marini** e **delle affermazioni occulte sull'utero** che **legano le generazioni**, soprattutto nelle regioni con profondi rituali ancestrali e costieri.

Il Regno dell'Acqua - Il Trono di Satana in basso

Nel regno invisibile, Satana **non governa solo l'aria**. Governa anche **il mondo marino**: una vasta rete demoniaca di spiriti, altari e rituali sotto oceani, fiumi e laghi.

Gli spiriti marini (comunemente chiamati *Mami Wata*, *Regina della Costa*, *mogli/mariti spiriti*, ecc.) sono responsabili di:

- morte prematura
- Sterilità e aborti spontanei
- Bondage sessuale e sogni
- Tormento mentale

- Malattie nei neonati
- Modelli di ascesa e crollo aziendale

Ma come fanno questi spiriti ad ottenere **terreno legale** ?
Nel grembo materno.
Iniziazioni invisibili prima della nascita

- **Dediche ancestrali** : un bambino "promesso" a una divinità se nascesse sano.
- **Sacerdotesse occulte** che toccano l'utero durante la gravidanza.
- **Nomi del patto** dati dalla famiglia, in omaggio inconsapevolmente alle regine o agli spiriti marini.
- **Rituali di nascita** eseguiti con acqua di fiume, amuleti o erbe provenienti dai santuari.
- **Sepoltura del cordone ombelicale** con incantesimi.
- **Gravidanza in ambienti occulti** (ad esempio, logge massoniche, centri new age, culti poligami).

Alcuni bambini nascono già schiavizzati. Ecco perché urlano violentemente alla nascita: il loro spirito percepisce l'oscurità.
Storia vera: "Il mio bambino apparteneva al fiume"
Jessica, della Sierra Leone, cercava di concepire da 5 anni. Alla fine, è rimasta incinta dopo che un "profeta" le ha dato un sapone per lavarsi e un olio da spalmare sul suo grembo. Il bambino è nato forte, ma a 3 mesi ha iniziato a piangere senza sosta, sempre di notte. Odiava l'acqua, urlava durante il bagno e tremava in modo incontrollabile quando veniva portato vicino al fiume.

Un giorno, suo figlio ebbe delle convulsioni e morì per 4 minuti. Si riprese e, **a 9 mesi, ricominciò a parlare per esteso** : "Non appartengo a questo posto. Appartengo alla Regina".

Terrorizzata, Jessica cercò la liberazione. Il bambino fu liberato solo dopo 14 giorni di digiuno e preghiere di rinuncia: suo marito dovette distruggere un idolo di famiglia nascosto nel suo villaggio prima che il tormento cessasse.

I bambini non nascono senza un corpo. Nascono per combattere battaglie che dobbiamo combattere per loro.

PARALLELI GLOBALI

- **Africa** – Altari fluviali, dediche Mami Wata, rituali della placenta.
- **Asia** – Spiriti dell'acqua invocati durante le nascite buddiste o animiste.
- **Europa – Patti ostetrici druidici,** riti ancestrali legati all'acqua, dediche massoniche.
- **America Latina** – Nomi della Santeria, spiriti dei fiumi (ad esempio, Oshun), nascita secondo i temi astrali.
- **Nord America** – Rituali di parto New Age, parto ipnotico con guide spirituali, "cerimonie di benedizione" da parte di medium.

Segni di schiavitù iniziata nell'utero

- Modelli di aborto spontaneo ripetuti attraverso le generazioni
- Terrori notturni nei neonati e nei bambini
- Infertilità inspiegabile nonostante l'autorizzazione medica
- Sogni d'acqua costanti (oceani, inondazioni, nuoto, sirene)
- Paura irrazionale dell'acqua o dell'annegamento
- Sentirsi "rivendicati" – come se qualcosa ci stesse osservando dalla nascita

---

Piano d'azione: rompere il patto dell'utero

1. **Chiedi allo Spirito Santo** di rivelarti se tu (o tuo figlio) siete stati iniziati tramite rituali nell'utero.
2. **Rinunciare** a qualsiasi patto stipulato durante la gravidanza, consapevolmente o inconsapevolmente.
3. **Prega sulla storia della tua nascita**: anche se tua madre non è disponibile, parla come il guardiano spirituale legale della tua vita.
4. **Digiuna con Isaia 49 e Salmo 139** per recuperare il tuo progetto divino.
5. **Se incinta**: ungiti la pancia e parla ogni giorno al tuo bambino non

ancora nato:

"Sei consacrato al Signore. Nessuno spirito di acqua, sangue o tenebra ti possiederà. Appartieni a Gesù Cristo: corpo, anima e spirito."

Domanda di gruppo

- Chiedete ai partecipanti di scrivere ciò che sanno della loro storia di nascita, inclusi i rituali, le ostetriche o gli eventi che danno il nome.
- Incoraggiare i genitori a dedicare nuovamente i propri figli a un "Servizio di assegnazione del nome e di alleanza incentrato su Cristo".
- Guida le preghiere che rompono i patti dell'acqua usando *Isaia 28:18*, *Colossesi 2:14* e *Apocalisse 12:11*.

Intuizione chiave

L'utero è una porta, e chi lo attraversa spesso entra con un bagaglio spirituale. Ma nessun altare dell'utero è più grande della Croce.

Diario di riflessione

- Ci sono stati oggetti, oli, amuleti o nomi coinvolti nel mio concepimento o nella mia nascita?
- Ho subito attacchi spirituali che hanno avuto inizio durante l'infanzia?
- Ho forse trasmesso inconsapevolmente i patti marini ai miei figli?

Preghiera di liberazione

Padre Celeste, Tu mi conoscevi prima che fossi formato. Oggi rompo ogni patto nascosto, ogni rituale dell'acqua e ogni dedica demoniaca fatta alla mia nascita o prima. Respingo ogni pretesa di spiriti marini, spiriti familiari o altari generazionali nel grembo materno. Lascia che il sangue di Gesù riscriva la storia della mia nascita e la storia dei miei figli. Sono nato dallo Spirito, non da altari d'acqua. Nel nome di Gesù. Amen.

GIORNO 39: BATTEZZATI DALL'ACQUA NELLA SCHIAVITÙ — COME I BAMBINI, LE INIZIALI E LE PALLE INVISIBILI APRONO LE PORTE

« *Essi versarono sangue innocente, il sangue dei loro figli e delle loro figlie, che sacrificarono agli idoli di Canaan, e la terra fu profanata dal loro sangue».* — Salmo 106:38

«Si può forse prendere preda ai guerrieri, o liberare prigionieri dai guerrieri feroci?» Ma questo è ciò che dice il Signore: «Sì, si prenderanno prigionieri dai guerrieri, e si riprenderà preda dai guerrieri feroci...» — Isaia 49:24–25

Molti destini non sono stati semplicemente **deviati nell'età adulta** : sono stati **dirottati durante l'infanzia** .

Quella cerimonia apparentemente innocente del nome...

Quel tuffo casuale nell'acqua del fiume "per benedire il bambino"...

La moneta nella mano... Il taglio sotto la lingua... L'olio di una "nonna spirituale"... Persino le iniziali date alla nascita...

Possono sembrare tutti culturali. Tradizionali. Innocui.

Ma il regno delle tenebre **si nasconde nella tradizione** e molti bambini sono stati **iniziati segretamente** prima ancora di poter dire "Gesù".

Storia vera: "Il mio nome è stato dato dal fiume"

Ad Haiti, un bambino di nome Malick è cresciuto con una strana paura dei fiumi e delle tempeste. Da bambino, la nonna lo portò a un ruscello per "introdurlo agli spiriti" e ottenere protezione. Iniziò a sentire voci all'età di 7 anni. A 10 anni, ricevette visite notturne. A 14 anni, tentò il suicidio dopo aver sentito una "presenza" sempre al suo fianco.

Durante un incontro di liberazione, i demoni si manifestarono violentemente, urlando: "Siamo entrati dal fiume! Siamo stati chiamati per nome!". Il suo nome, " Malick ", faceva parte di una tradizione spirituale di denominazione per "onorare la regina del fiume". Finché non gli fu cambiato nome in Cristo, il tormento continuò. Ora svolge il suo ministero di liberazione tra i giovani intrappolati nelle dediche ancestrali.

Come accade: le trappole nascoste

1. **Iniziali come patti**
   Alcune iniziali, in particolare quelle legate ai nomi degli antenati, alle divinità della famiglia o alle divinità dell'acqua (ad esempio, "MM" = Mami/Marine; "OL" = Oya/Orisha Lineage), fungono da firme demoniache.
2. **Immersioni infantili nei fiumi/ruscelli**
   Eseguite "per protezione" o "purificazione", spesso sono **battesimi negli spiriti marini** .
3. **Cerimonie segrete di assegnazione dei**
   nomi In cui un altro nome (diverso da quello pubblico) viene sussurrato o pronunciato davanti a un altare o a un santuario.
4. **Rituali per i segni di nascita**
   Oli, cenere o sangue applicati sulla fronte o sugli arti per "marcare" un bambino agli spiriti.
5. **Sepolture con cordone ombelicale alimentato ad acqua**
   Cordoni ombelicali lasciati cadere in fiumi, ruscelli o sepolti con incantesimi d'acqua, legando il bambino ad altari d'acqua.

Se i tuoi genitori non ti hanno legato a Cristo, è probabile che qualcun altro ti abbia reclamato.

Pratiche occulte globali di legame uterino

- **Africa** – Dare ai bambini nomi ispirati alle divinità fluviali e seppellire cordoni vicino agli altari marini.
- **Caraibi/America Latina** – Riti battesimali della Santeria, dediche in stile Yoruba con erbe e oggetti di fiume.
- **Asia** – Rituali indù che coinvolgono l'acqua del Gange, nomi calcolati astrologicamente e legati agli spiriti elementari.
- **Europa** – Tradizioni di denominazione druidiche o esoteriche che

invocano i guardiani delle foreste/delle acque.
- **Nord America** – Dediche rituali native, benedizioni moderne per i bambini secondo la Wicca, cerimonie di assegnazione del nome secondo la New Age che invocano "antiche guide".

Come faccio a saperlo?

- Tormenti inspiegabili della prima infanzia, malattie o "amici immaginari"
- Sogni di fiumi, sirene, essere inseguiti dall'acqua
- Avversione per le chiese ma fascino per le cose mistiche
- Un profondo senso di "essere seguiti" o osservati fin dalla nascita
- Scoprire un secondo nome o una cerimonia sconosciuta legata alla tua infanzia

Piano d'azione – Riscattare l'infanzia

1. **Chiedi allo Spirito Santo** : cosa è successo quando sono nato? Quali mani spirituali mi hanno toccato?
2. **Rinunciare a tutte le dediche nascoste** , anche se fatte nell'ignoranza: "Rifiuto ogni patto fatto per me che non sia stato fatto con il Signore Gesù Cristo".
3. **Rompere i legami con nomi, iniziali e simboli ancestrali** .
4. **Utilizza Isaia 49:24–26, Colossesi 2:14 e 2 Corinzi 5:17** per dichiarare la tua identità in Cristo.
5. Se necessario, **organizza una cerimonia di riconsacrazione** : presenta te stesso (o i tuoi figli) di nuovo a Dio e, se richiesto, dichiara nuovi nomi.

DOMANDA DI GRUPPO

- Invita i partecipanti a ricercare la storia dei loro nomi.
- Creare uno spazio per una ridenominazione spirituale, se guidata:

consentire alle persone di rivendicare nomi come "Davide", "Ester" o identità guidate dallo spirito.
- Guida il gruppo in un simbolico *ribattesimo* di dedizione: non un'immersione in acqua, ma unzione e un patto con Cristo basato sulla parola.
- Fate in modo che i genitori rompano i patti riguardanti i loro figli nella preghiera: "Tu appartieni a Gesù: nessuno spirito, fiume o legame ancestrale ha alcun fondamento legale".

Intuizione chiave
Il tuo inizio è importante. Ma non deve necessariamente definire la tua fine. Ogni rivendicazione fluviale può essere infranta dal fiume del sangue di Gesù.

Diario di riflessione

- Quali nomi o iniziali mi sono stati dati e cosa significano?
- Alla mia nascita sono stati svolti dei rituali segreti o culturali a cui dovrei rinunciare?
- Ho veramente dedicato la mia vita, il mio corpo, la mia anima, il mio nome e la mia identità, al Signore Gesù Cristo?

Preghiera di Redenzione
Padre Dio, vengo davanti a Te nel nome di Gesù. Rinuncio a ogni patto, dedicazione e rituale compiuto alla mia nascita. Rifiuto ogni imposizione di un nome, iniziazione con l'acqua e rivendicazione di un lignaggio ancestrale. Che sia attraverso iniziali, imposizione di un nome o altari nascosti, annullo ogni diritto demoniaco sulla mia vita. Ora dichiaro di essere pienamente Tuo. Il mio nome è scritto nel Libro della Vita. Il mio passato è coperto dal sangue di Gesù e la mia identità è suggellata dallo Spirito Santo. Amen.

GIORNO 40: DA CONSEGNATO A LIBERATORE — IL TUO DOLORE È LA TUA ORDINAZIONE

"*Ma il popolo che conosce il suo Dio sarà forte e compirà prodezze.*" — Daniele 11:32

"*Allora il Signore suscitò dei giudici, che li salvarono dalle mani di quei predoni.*" — Giudici 2:16

Non sei stato liberato per stare seduto in silenzio in chiesa.

Non sei stato liberato solo per sopravvivere. Sei stato liberato **per liberare gli altri**.

Lo stesso Gesù che guarì l'indemoniato in Marco 5 lo rimandò nella Decapoli per raccontare la storia. Nessun seminario. Nessuna ordinazione. Solo una **testimonianza ardente** e una bocca in fiamme.

Tu sei quell'uomo. Quella donna. Quella famiglia. Quella nazione.

Il dolore che hai sopportato è ora la tua arma.

Il tormento da cui sei sfuggito è la tua tromba. Ciò che ti teneva nell'oscurità ora diventa il **palcoscenico del tuo dominio.**

Storia vera: da sposa dei marine a ministro della liberazione

Rebecca, originaria del Camerun, era l'ex sposa di uno spirito marino. Fu iniziata all'età di 8 anni durante una cerimonia di battesimo costiera. A 16 anni, aveva rapporti sessuali nei sogni, controllava gli uomini con gli occhi e aveva causato diversi divorzi tramite la stregoneria. Era conosciuta come "la bella maledizione".

Quando incontrò il Vangelo all'università, i suoi demoni impazzirono. Ci vollero sei mesi di digiuno, liberazione e profondo discepolato prima che fosse libera.

Oggi tiene conferenze di liberazione per le donne in tutta l'Africa. Migliaia di donne sono state liberate grazie alla sua obbedienza.

E se fosse rimasta in silenzio?

Ascesa Apostolica — Stanno Nascendo Liberatori Globali

- **In Africa**, ex stregoni ora fondano chiese.
- **In Asia**, gli ex buddisti predicano Cristo in case segrete.
- **In America Latina**, gli ex sacerdoti della Santeria ora distruggono gli altari.
- **In Europa**, ex occultisti conducono studi biblici espositivi online.
- **In Nord America**, i sopravvissuti agli inganni della New Age conducono settimanalmente delle riunioni di liberazione su Zoom.

Sono **gli improbabili**, i distrutti, gli ex schiavi dell'oscurità che ora marciano nella luce, e **tu sei uno di loro**.

Piano d'azione finale: entra nella tua chiamata

1. **Scrivi la tua testimonianza**, anche se non ti sembra drammatica. Qualcuno ha bisogno della tua storia di libertà.
2. **Inizia in piccolo** : prega per un amico. Organizza uno studio biblico. Condividi il tuo percorso di liberazione.
3. **Non smettere mai di imparare** : i liberatori restano nella Parola, rimangono pentiti e rimangono attenti.
4. **Copri la tua famiglia** : dichiara ogni giorno che l'oscurità si ferma con te e i tuoi figli.
5. **Dichiarate zone di guerra spirituale** : il vostro posto di lavoro, la vostra casa, la vostra strada. Siate i guardiani.

Messa in servizio di gruppo

Quella di oggi non è solo una cerimonia di devozione: è una **cerimonia di incarico**.

- Ungetevi a vicenda il capo con l'olio e dite:

"Sei stato consegnato per consegnare. Sorgi, Giudice di Dio."

- Dichiarate ad alta voce come gruppo:

"Non siamo più sopravvissuti. Siamo guerrieri. Portiamo la luce, e l'oscurità trema."

- Nominare coppie di preghiera o partner responsabili per continuare a crescere in audacia e impatto.

Intuizione chiave
La più grande vendetta contro il regno delle tenebre non è solo la libertà. È la moltiplicazione.

Diario di riflessione finale

- Qual è stato il momento in cui ho capito di essere passato dall'oscurità alla luce?
- Chi ha bisogno di ascoltare la mia storia?
- Da dove posso cominciare a far luce intenzionalmente questa settimana?
- Sono disposto a essere deriso, frainteso e contrastato, per il bene di liberare gli altri?

Preghiera di incarico
Padre Dio, Ti ringrazio per 40 giorni di fuoco, libertà e verità. Non mi hai salvato solo per proteggermi, mi hai liberato per liberare gli altri. Oggi ricevo questo mantello. La mia testimonianza è una spada. Le mie cicatrici sono armi. Le mie preghiere sono martelli. La mia obbedienza è adorazione. Ora cammino nel nome di Gesù, come un accendifuoco, un liberatore, un portatore di luce. Sono Tuo. L'oscurità non ha posto in me, né intorno a me. Prendo il mio posto. Nel nome di Gesù. Amen.

DICHIARAZIONE QUOTIDIANA A 360° DI LIBERAZIONE E DOMINIO – Parte 1

"Nessun'arma fabbricata contro di te avrà successo, e ogni lingua che si alzerà in giudizio contro di te, tu la condannerai. Questa è l'eredità dei servi del Signore..." — Isaia 54:17

Oggi e ogni giorno, assumo la mia piena posizione in Cristo: spirito, anima e corpo.

Chiudo ogni porta, nota e sconosciuta, al regno delle tenebre.

Rompo ogni contatto, contratto, alleanza o comunione con altari malvagi, spiriti ancestrali, sposi spirituali, società occulte, stregoneria e alleanze demoniache, per mezzo del sangue di Gesù!

Dichiaro di non essere in vendita. Non sono raggiungibile. Non sono reclutabile. Non sono reiniziato.

Ogni richiamo satanico, sorveglianza spirituale o evocazione malvagia: sia disperso nel fuoco, nel nome di Gesù!

Mi lego alla mente di Cristo, alla volontà del Padre e alla voce dello Spirito Santo.

Cammino nella luce, nella verità, nella potenza, nella purezza e con uno scopo.

Chiudo ogni terzo occhio, porta psichica e portale profano aperto da sogni, traumi, sesso, rituali, media o falsi insegnamenti.

Che il fuoco di Dio consumi ogni deposito illegale nella mia anima, nel nome di Gesù.

Parlo all'aria, alla terra, al mare, alle stelle e al cielo: non agirai contro di me.

Ogni altare nascosto, agente, osservatore o demone sussurrante assegnato contro la mia vita, la mia famiglia, la mia vocazione o il mio territorio: sii disarmato e messo a tacere dal sangue di Gesù!

Immergo la mia mente nella Parola di Dio.

Dichiaro che i miei sogni sono santificati. I miei pensieri sono protetti. Il mio sonno è sacro. Il mio corpo è un tempio di fuoco.

Da questo momento in poi, cammino in una liberazione a 360 gradi: niente è nascosto, niente è trascurato.

Ogni schiavitù persistente si spezza. Ogni giogo generazionale si infrange. Ogni peccato non pentito viene smascherato e purificato.

Dichiaro:

- **L'oscurità non ha alcun dominio su di me.**
- **La mia casa è una zona a rischio incendio.**
- **Le mie porte sono sigillate nella gloria.**
- **Vivo nell'obbedienza e cammino nella potenza.**

Mi alzo come liberatore per la mia generazione.

Non guarderò indietro. Non tornerò indietro. Sono luce. Sono fuoco. Sono libero. Nel potente nome di Gesù. Amen!

DICHIARAZIONE QUOTIDIANA A 360° DI LIBERAZIONE E DOMINIO – Parte 2

Protezione da stregoneria, magia, negromanti, medium e canali demoniaci

Liberazione per te stesso e per gli altri sotto la loro influenza o schiavitù

Purificazione e copertura attraverso il sangue di Gesù

Ripristino della solidità, dell'identità e della libertà in Cristo

Protezione e libertà dalla stregoneria, dai medium, dai negromanti e dalla schiavitù spirituale

(attraverso il sangue di Gesù e la parola della nostra testimonianza)

"E lo vinsero per mezzo del sangue dell'Agnello e con la parola della loro testimonianza..."

— *Apocalisse 12:11*

"Il Signore ... sventa i segni dei falsi profeti e rende stolti gli indovini ... conferma la parola del suo servo e adempie il consiglio dei suoi messaggeri."

— *Isaia 44:25–26*

«Lo Spirito del Signore è sopra di me... per proclamare la liberazione ai prigionieri e la scarcerazione ai prigionieri...»

— *Luca 4:18*

PREGHIERA DI APERTURA:

Padre Dio, oggi vengo con coraggio per mezzo del sangue di Gesù. Riconosco la potenza del Tuo nome e dichiaro che Tu solo sei il mio liberatore e difensore. Mi pongo come Tuo servitore e testimone, e oggi proclamo la Tua Parola con coraggio e autorità.

DICHIARAZIONI DI PROTEZIONE E LIBERAZIONE

1. **Liberazione dalla stregoneria, dai medium, dai negromanti e dall'influenza spirituale:**

- Spezzo e **rinuncio** a ogni maledizione, incantesimo, divinazione, incantesimo, manipolazione, monitoraggio, proiezione astrale o legame con l'anima, pronunciato o messo in atto tramite stregoneria, negromanzia, medium o canali spirituali.
- Dichiaro che il **sangue di Gesù** è contro ogni spirito impuro che cerca di legare, distrarre, ingannare o manipolare me o la mia famiglia.
- Comando che **ogni interferenza spirituale, possessione, oppressione o schiavitù dell'anima** venga spezzata ora tramite l'autorità nel nome di Gesù Cristo.
- Io parlo **di liberazione per me stesso e per ogni persona che, consapevolmente o inconsapevolmente, è sotto l'influenza della stregoneria o di una falsa luce**. Uscite ora! Siate liberi, nel nome di Gesù!
- Invoco il fuoco di Dio affinché **bruci ogni giogo spirituale, ogni contratto satanico e ogni altare** eretto nello spirito per schiavizzare o intrappolare i nostri destini.

"Non c'è incantesimo contro Giacobbe, né divinazione contro Israele."
— *Numeri 23:23*

2. **Purificazione e protezione di sé, dei bambini e della famiglia:**

- Invoco il sangue di Gesù sulla mia **mente, anima, spirito, corpo, emozioni, famiglia, figli e lavoro.**
- Dichiaro: io e la mia casa siamo **sigillati dallo Spirito Santo e nascosti con Cristo in Dio.**
- Nessuna arma forgiata contro di noi prospererà. Ogni lingua che dice male contro di noi sarà **giudicata e messa a tacere** nel nome di Gesù.
- Rinuncio e scaccio ogni **spirito di paura, tormento, confusione, seduzione o controllo**.

«Io sono il SIGNORE, che frustro i giuramenti dei bugiardi...» — *Isaia 44:25*

3. Ripristino dell'identità, dello scopo e della mente sana:

- Rivendico ogni parte della mia anima e della mia identità che è stata **scambiata, intrappolata o rubata** attraverso l'inganno o il compromesso spirituale.
- Dichiaro: ho la **mente di Cristo** e cammino con chiarezza, saggezza e autorità.
- Io dichiaro: sono **liberato da ogni maledizione generazionale e da ogni stregoneria domestica**, e cammino in alleanza con il Signore.

"Dio non mi ha dato uno spirito di timidezza, ma di forza, di amore e di autocontrollo." — *2 Timoteo 1:7*

4. Copertura quotidiana e vittoria in Cristo:

- Dichiaro: Oggi cammino nella **protezione divina, nel discernimento e nella pace**.
- Il sangue di Gesù mi parla **di cose migliori**: protezione, guarigione, autorità e libertà.
- Ogni malvagio incarico assegnato per questo giorno è annullato. Cammino nella vittoria e nel trionfo in Cristo Gesù.

"Mille cadranno al mio fianco e diecimila alla mia destra, ma a me non si avvicinerà..." — *Salmo 91:7*

DICHIARAZIONE FINALE E TESTIMONIANZA:

"Vinco ogni forma di oscurità, stregoneria, negromanzia, magia, manipolazione psichica, manomissione dell'anima e trasferimento spirituale malvagio, non con la mia forza, ma **con il sangue di Gesù e la Parola della mia testimonianza**."

"Io dichiaro: **sono liberato. La mia casa è liberata.** Ogni giogo nascosto è spezzato. Ogni trappola è smascherata. Ogni falsa luce è spenta. Cammino in libertà. Cammino in verità. Cammino nella potenza dello Spirito Santo."

"Il Signore conferma la parola del Suo servo e realizza il consiglio del Suo messaggero. Così avverrà oggi e per tutti i giorni d'ora in poi".

Nel potente nome di Gesù, **Amen.**
RIFERIMENTI SCRITTURALI:

- Isaia 44:24–26
- Apocalisse 12:11
- Isaia 54:17
- Salmo 91
- Numeri 23:23
- Luca 4:18
- Efesini 6:10–18
- Colossesi 3:3
- 2 Timoteo 1:7

DICHIARAZIONE QUOTIDIANA A 360° DI LIBERAZIONE E DOMINIO - Parte 3

"*Il Signore è un uomo di guerra: il Signore è il suo nome.*" — Esodo 15:3
"*Essi lo vinsero per mezzo del sangue dell'Agnello e con la parola della loro testimonianza...*" — Apocalisse 12:11

Oggi mi alzo e prendo il mio posto in Cristo, seduto nei luoghi celesti, al di sopra di tutti i principati, potenze, troni, signorie e di ogni altro nome che viene nominato.

RINUNCIO

Rinuncio a ogni patto, giuramento o iniziazione conosciuti e sconosciuti:

- Massoneria (dal 1° al 33° grado)
- Cabala e misticismo ebraico
- Stella d'Oriente e Rosacroce
- Ordini gesuiti e Illuminati
- Confraternite sataniche e sette luciferine
- Spiriti marini e patti sottomarini
- Serpenti Kundalini, allineamenti dei chakra e attivazioni del terzo occhio
- Inganno New Age, Reiki, yoga cristiano e viaggi astrali
- Stregoneria, magia, negromanzia e contratti astrali
- Legami occulti dell'anima derivanti dal sesso, dai rituali e dai patti segreti
- Giuramenti massonici sulla mia linea di sangue e sui miei sacerdozi ancestrali

Recido ogni cordone ombelicale spirituale per:

- Antichi altari del sangue

- Falso fuoco profetico
- Sposi spirituali e invasori dei sogni
- Geometria sacra, codici di luce e dottrine della legge universale
- Falsi cristi , spiriti familiari e spiriti santi contraffatti

Che il sangue di Gesù parli per me. Che ogni contratto venga infranto. Che ogni altare venga distrutto. Che ogni identità demoniaca venga cancellata – ora!

DICHIARO

Dichiaro:

- Il mio corpo è un tempio vivente dello Spirito Santo.
- La mia mente è protetta dall'elmo della salvezza.
- La mia anima è santificata ogni giorno dal lavaggio della Parola.
- Il mio sangue è purificato dal Calvario.
- I miei sogni sono sigillati nella luce.
- Il mio nome è scritto nel Libro della Vita dell'Agnello, non in alcun registro occulto, loggia, registro, pergamena o sigillo!

IO COMANDO

Io comando:

- Ogni agente dell'oscurità, osservatori, monitor, proiettori astrali, deve essere accecato e disperso.
- Ogni legame con gli inferi, il mondo marino e il piano astrale... venga spezzato!
- Ogni segno oscuro, impianto, ferita rituale o marchio spirituale: sia purificato dal fuoco!
- Ogni spirito familiare che sussurra bugie: taci, ora!

MI DISINNESCO

Mi dissocio da:

- Tutte le linee temporali demoniache, le prigioni dell'anima e le gabbie spirituali

- Tutte le classifiche e i gradi delle società segrete
- Tutti i falsi mantelli, troni o corone che ho indossato
- Ogni identità non creata da Dio
- Ogni alleanza, amicizia o relazione rafforzata da sistemi oscuri

IO STABILISCO

Io stabilisco:

- Un muro di gloria intorno a me e alla mia famiglia
- Angeli santi ad ogni porta, portale, finestra e sentiero
- Purezza nei miei media, nella mia musica, nei miei ricordi e nella mia mente
- Verità nelle mie amicizie, nel mio ministero, nel mio matrimonio e nella mia missione
- Comunione ininterrotta con lo Spirito Santo

MI PRESENTO

Mi sottometto completamente a Gesù Cristo:
l'Agnello che fu immolato, il Re che regna , il Leone che ruggisce.
Io scelgo la luce. Io scelgo la verità. Io scelgo l'obbedienza.
Non appartengo ai regni oscuri di questo mondo.
Appartengo al Regno del nostro Dio e del Suo Cristo.

AVVISO IL NEMICO

Con la presente dichiarazione informo:

- Ogni principato di alto rango
- Ogni spirito dominante su città, linee di sangue e nazioni
- Ogni viaggiatore astrale, strega, stregone o stella caduta...

Sono una proprietà intoccabile.

Il mio nome non si trova nei vostri archivi. La mia anima non è in vendita. I miei sogni sono sotto il vostro controllo. Il mio corpo non è il vostro tempio. Il mio futuro non è il vostro parco giochi. Non tornerò in schiavitù. Non ripeterò cicli ancestrali. Non porterò con me un fuoco estraneo. Non sarò un luogo di riposo per i serpenti.

IO SIGILLO

Sigillo questa dichiarazione con:

- Il sangue di Gesù
- Il fuoco dello Spirito Santo
- L'autorità della Parola
- L'unità del Corpo di Cristo
- Il suono della mia testimonianza

Nel nome di Gesù, Amen e Amen

CONCLUSIONE: DALLA SOPRAVVIVENZA ALLA FIGLIOLANZA — RESTARE LIBERI, VIVERE LIBERI, LIBERARE GLI ALTRI

"*State dunque saldi nella libertà nella quale Cristo ci ha liberati, e non vi lasciate di nuovo porre sotto il giogo della schiavitù.*" — Galati 5:1

"*Egli li trasse fuori dalle tenebre e dall'ombra di morte, e spezzò le loro catene.*" — Salmo 107:14

Questi 40 giorni non sono mai stati solo di conoscenza. Sono stati di **guerra**, **di risveglio** e **di cammino nel dominio**.

Avete visto come opera il regno oscuro: in modo sottile, generazionale, a volte apertamente. Avete viaggiato attraverso porte ancestrali, regni onirici, patti occulti, rituali globali e tormenti spirituali. Avete incontrato testimonianze di dolore inimmaginabile, ma anche di **liberazione radicale**. Avete infranto altari, rinunciato alle menzogne e affrontato cose che molti pulpiti hanno troppa paura di nominare.

MA NON È QUESTA LA FINE.

Ora inizia il vero viaggio: **mantenere la propria libertà. Vivere nello Spirito. Insegnare agli altri la via d'uscita.**

È facile attraversare 40 giorni di fuoco e tornare in Egitto. È facile demolire gli altari solo per ricostruirli nella solitudine, nella lussuria o nella stanchezza spirituale.

Non.

Non sei più **schiavo delle biciclette**. Sei un **guardiano** sulle mura. Un **guardiano** per la tua famiglia. Un **guerriero** per la tua città. Una **voce** per le nazioni.

7 ACCUSE FINALI PER COLORO CHE CAMMINERANNO NEL DOMINIO

1. **Proteggi le tue porte.**
   Non riaprire le porte spirituali attraverso compromessi, ribellioni, relazioni o curiosità.
   "Non date posto al diavolo". — Efesini 4:27
2. **Domina il tuo appetito.**
   Il digiuno dovrebbe far parte del tuo ritmo mensile. Riallinea l'anima e mantiene la carne sottomessa.
3. **Impegnati per la purezza.**
   Emotiva, sessuale, verbale, visiva. L'impurità è la porta numero uno che i demoni usano per insinuarsi di nuovo.
4. **Padroneggia la Parola. La**
   Scrittura non è facoltativa. È la tua spada, il tuo scudo e il tuo pane quotidiano. *"La parola di Cristo abiti in voi abbondantemente..."* (Col 3:16)
5. **Trova la tua tribù.**
   La liberazione non è mai stata pensata per essere percorsa in solitudine. Costruisci, servi e guarisci in una comunità piena di Spirito.
6. **Abbraccia la sofferenza.**
   Sì, la sofferenza. Non tutti i tormenti sono demoniaci. Alcuni sono santificanti. Attraversali. La gloria ti attende.
   "Dopo che avrai sofferto per un po'... Egli ti fortificherà, ti stabilirà e ti stabilirà". — 1 Pietro 5:10
7. **Insegna agli altri**
   gratuitamente ciò che hai ricevuto, ora gratuitamente dona. Aiuta gli altri a ottenere gratuitamente. Inizia dalla tua casa, dalla tua cerchia, dalla tua chiesa.

DA TRASMESSO A DISCEPOLO

Questo libro di devozione è un grido globale, non solo per la guarigione, ma anche per la nascita di un esercito.

È **tempo di pastori** che fiutano la guerra.

È **tempo di profeti** che non indietreggiano di fronte ai serpenti.

È **tempo di madri e padri** che rompono i patti generazionali e costruiscono altari della verità.

È **tempo che le nazioni** siano avvertite e che la Chiesa non resti più in silenzio.

TU SEI LA DIFFERENZA

Dove andrai da qui è importante. Ciò che porti con te è importante. L'oscurità da cui sei stato strappato è proprio il territorio su cui ora hai autorità.

La liberazione era il tuo diritto di nascita. Il dominio è il tuo manto.

Adesso camminaci dentro.

PREGHIERA FINALE

Signore Gesù, grazie per aver camminato con me in questi 40 giorni. Grazie per aver smascherato l'oscurità, spezzato le catene e chiamato a un luogo più elevato. Mi rifiuto di tornare indietro. Rompo ogni accordo con paura, dubbio e fallimento. Accolgo il mio incarico nel regno con audacia. Usami per liberare gli altri. Riempimi di Spirito Santo ogni giorno. Lascia che la mia vita diventi un'arma di luce: nella mia famiglia, nella mia nazione, nel Corpo di Cristo. Non starò in silenzio. Non sarò sconfitto. Non mi arrenderò. Cammino dall'oscurità al dominio. Per sempre. Nel nome di Gesù. Amen.

Come rinascere e iniziare una nuova vita con Cristo

Forse hai già camminato con Gesù in passato, o forse lo hai appena incontrato in questi 40 giorni. Ma in questo momento, qualcosa dentro di te si sta risvegliando.

Sei pronto per qualcosa di più della religione.
Sei pronto per **una relazione**.
Sei pronto a dire: "Gesù, ho bisogno di Te".
Ecco la verità:
"Poiché tutti hanno peccato; siamo privi della gloria di Dio... ma Dio, nella sua grazia, ci giustifica gratuitamente davanti a sé."
— Romani 3:23–24 (NLT)
Non puoi guadagnarti la salvezza.
Non puoi guarire te stesso. Ma Gesù ha già pagato il prezzo intero e non vede l'ora di darti il benvenuto a casa.

Come rinascere

NASCERE DI NUOVO SIGNIFICA affidare la propria vita a Gesù: accettare il Suo perdono, credere che Egli è morto e risorto e riceverlo come tuo Signore e Salvatore.

È semplice. È potente. Cambia tutto.

Prega ad alta voce:

"**SIGNORE GESÙ, CREDO** che Tu sei il Figlio di Dio.
 Credo che Tu sia morto per i miei peccati e sia risorto.
 Confesso di aver peccato e ho bisogno del Tuo perdono.
 Oggi mi pento e mi allontano dalle mie vecchie abitudini.
 Ti invito nella mia vita per essere il mio Signore e Salvatore.

Lavami puro. Riempimi del Tuo Spirito.
Dichiaro di essere rinato, perdonato e libero.
Da oggi in poi, Ti seguirò
e vivrò sulle Tue orme.
Grazie per avermi salvato. Nel nome di Gesù, amen."

I prossimi passi dopo la salvezza

1. **Raccontalo a qualcuno** : condividi la tua decisione con una persona di cui ti fidi.
2. **Trova una chiesa basata sulla Bibbia** : unisciti a una comunità che insegna la Parola di Dio e la vive. Visita i ministeri di God's Eagle online tramite https://www.otakada.org [1] o https://chat.whatsapp.com/H67spSun32DDTma8TLh0ov
3. **Fatti battezzare** : fai il passo successivo per dichiarare pubblicamente la tua fede.
4. **Leggi la Bibbia ogni giorno** : inizia con il Vangelo di Giovanni.
5. **Prega ogni giorno** : parla con Dio come con un amico e un padre.
6. **Rimani connesso** : circondati di persone che incoraggiano la tua nuova camminata.
7. **Avvia un processo di discepolato all'interno della comunità** : sviluppa una relazione individuale con Gesù Cristo tramite questi link

Discepolato di 40 giorni 1 - https://www.otakada.org/get-free-40-days-online-discipleship-course-in-a-journey-with-jesus/

40 Discepolato 2 - https://www.otakada.org/get-free-40-days-dna-of-discipleship-journey-with-jesus-series-2/

---

1. https://www.otakada.org

Il mio momento di salvezza

Data : _____
 Firma : _____

«Se uno è in Cristo, egli è una nuova creatura; le cose vecchie sono passate, ecco, sono nate nuove!»

— 2 Corinzi 5:17

Certificato di Nuova Vita in Cristo

Dichiarazione di salvezza: Nati di nuovo per grazia

Ciò certifica che

_____

(NOME E COGNOME)

ha pubblicamente dichiarato **la fede in Gesù Cristo** come Signore e Salvatore e ha ricevuto il dono gratuito della salvezza attraverso la Sua morte e risurrezione.

«*Se confessi apertamente che Gesù è il Signore e credi nel tuo cuore che Dio lo ha risuscitato dai morti, sarai salvato*».

— Romani 10:9 (NLT)

In questo giorno il cielo si rallegra e inizia un nuovo viaggio.

Data della decisione : _____

Firma : _____

Dichiarazione di salvezza

"OGGI AFFIDO LA MIA vita a Gesù Cristo.

Credo che Egli sia morto per i miei peccati e sia risorto. Lo ricevo come mio Signore e Salvatore. Sono perdonato, rinato e rinnovato. Da questo momento in poi, camminerò sulle Sue orme."

Benvenuti nella famiglia di Dio!

IL TUO NOME È SCRITTO nel Libro della Vita dell'Agnello.

La tua storia è appena iniziata, ed è eterna.

CONTATTACI CON GOD'S EAGLE MINISTRIES

- Sito web: www.otakada.org[1]
- Serie "Ricchezza oltre ogni preoccupazione": www.wealthbeyondworryseries.com[2]
- E-mail: ambassador@otakada.org

- **Sostieni questo lavoro:**

Sostieni i progetti del regno, le missioni e le risorse globali gratuite attraverso donazioni guidate dal patto.
　Scansiona il codice QR per donare
　https://tithe.ly/give?c=308311
　La vostra generosità ci aiuta a raggiungere più anime, tradurre risorse, sostenere i missionari e costruire sistemi di discepolato in tutto il mondo.
Grazie!

---

1. https://www.otakada.org
2. https://www.wealthbeyondworryseries.com

3. UNISCITI ALLA NOSTRA comunità WhatsApp Covenant

Ricevi aggiornamenti, contenuti devozionali e connettiti con credenti fedeli al patto in tutto il mondo.

Scansiona per partecipare

https://chat.whatsapp.com/H67spSun32DDTma8TLh0ov

LIBRI E RISORSE CONSIGLIATI

- *Liberati dal potere dell'oscurità* (**Copertina flessibile**) — Acquista qui [1] | Ebook [2] su Amazon [3]

- **Le migliori recensioni dagli Stati Uniti:**
    - **Cliente Kindle** : "La migliore lettura cristiana di sempre!" (5 stelle)

---

1. https://shop.ingramspark.com/b/084?params=oeYbAkVTC5ao8PfdVdzwko7wi6IQimgJY2779NaqG4e
2. https://www.amazon.com/Delivered-Power-Darkness-AFRICAN-DELIVERED-ebook/dp/B0CC5MM4MV
3. https://www.amazon.com/Delivered-Power-Darkness-AFRICAN-DELIVERED-ebook/dp/B0CC5MM4MV

LODE A GESÙ PER QUESTA testimonianza. Sono stato così benedetto e consiglierei a tutti di leggere questo libro... Perché il salario del peccato è la morte, ma il dono di Dio è la vita eterna. Shalom! Shalom!

- **Da Gster** : "Questo è un libro molto interessante e piuttosto strano." (5 stelle)

Se quanto detto nel libro è vero, allora siamo davvero molto indietro rispetto a ciò che il nemico è capace di fare! ... Un libro imprescindibile per chiunque voglia imparare qualcosa sulla guerra spirituale.

- **Visa** : "Adoro questo libro" (5 stelle)

Questa è una rivelazione... una vera confessione... Ultimamente l'ho cercato ovunque per acquistarlo. Sono così felice di averlo preso da Amazon.

- **FrankJM** : "Abbastanza diverso" (4 stelle)

Questo libro mi ricorda quanto sia reale la guerra spirituale. Mi fa anche riflettere sul motivo per cui è importante indossare la "Completa Armatura di Dio".

- **JenJen** : "Tutti coloro che vogliono andare in Paradiso, leggano questo!" (5 stelle)

Questo libro mi ha cambiato la vita. Insieme alla testimonianza di John Ramirez, ti farà guardare alla tua fede in modo diverso. L'ho letto 6 volte!

- *Ex-Satanist: The James Exchange* (Copertina flessibile) — Acquista qui [4]| Ebook [5] su Amazon [6]

---

[4]. https://shop.ingramspark.com/b/
084?params=I2HNGtbqJRbal8OxU3RMTApQsLLxcUCTC8zUdzDy0W1

[5]. https://www.amazon.com/JAMESES-Exchange-Testimony-High-Ranking-Encounters-ebook/dp/B0DJP14JLH

[6]. https://www.amazon.com/JAMESES-Exchange-Testimony-High-Ranking-Encounters-ebook/dp/B0DJP14JLH

- **TESTIMONIANZA DI UN EX-SATANISTA AFRICANO** - *Pastore JONAS LUKUNTU MPALA* (Copertina flessibile) — Acquista qui [7]| Ebook [8]su Amazon[9]

- *Greater Exploits 14* (Copertina flessibile) — Acquista qui [10]| Ebook [11]su Amazon[12]

---

7. https://shop.ingramspark.com/b/
   084?params=0Aj9Sze4cYoLM5OqWrD20kgknXQQqO5AZYXcWtoMqWN
8. https://www.amazon.com/TESTIMONY-African-EX-SATANIST-Pastor-Jonas-ebook/dp/
   B0DJDLFKNR
9. https://www.amazon.com/TESTIMONY-African-EX-SATANIST-Pastor-Jonas-ebook/dp/
   B0DJDLFKNR
10. https://shop.ingramspark.com/b/084?params=772LXinQn9nCWcgq572PDsqPjkTJmpgSqrp88b0qzKb
11. https://www.amazon.com/Greater-Exploits-MYSTERIOUS-Strategies-Countermeasures-ebook/dp/
    B0CGHYPZ8V
12. https://www.amazon.com/Greater-Exploits-MYSTERIOUS-Strategies-Countermeasures-ebook/dp/
    B0CGHYPZ8V

- *Dal calderone del diavolo* di John Ramirez — Disponibile su Amazon[13]
- *Venne per liberare i prigionieri* di Rebecca Brown — Trovalo su Amazon[14]

Altri libri pubblicati dall'autore – Oltre 500 titoli
Amati, scelti e completi : un viaggio di 30 giorni dal rifiuto alla **restaurazione** tradotto in 40 lingue del mondo
https://www.amazon.com/Loved-Chosen-Whole-Rejection-Restoration-ebook/dp/B0F9VSD8WL
https://shop.ingramspark.com/b/084?params=xga0WR16muFUwCoeMUBHQ6HwYjddLGpugQHb3DVa5hE

---

13. https://www.amazon.com/Out-Devils-Cauldron-John-Ramirez/dp/0985604306
14. https://www.amazon.com/He-Came-Set-Captives-Free/dp/0883683239

Sulle sue orme: una sfida WWJD di 40 giorni:
Vivere come Gesù nelle storie vere di tutto il mondo

https://www.amazon.com/His-Steps-Challenge-Real-Life-Stories-ebook/dp/B0FCYTL5MG

https://shop.ingramspark.com/b/084?params=DuNTWS59IbkvSKtGFbCbEFdv3Zg0FaITUEvlK49yLzB

GESÙ ALLA PORTA:
40 storie strazianti e l'ultimo avvertimento del cielo alle chiese di oggi

https://www.amazon.com/dp/B0FDX31L9F
https://shop.ingramspark.com/b/084?params=TpdA5j8WPvw83glJ12N1B3nf8LQte2a1lIEy32bHcGg

VITA DELL'ALLEANZA: 40 giorni di cammino nella benedizione del Deuteronomio 28

- https://www.amazon.com/dp/B0FFJCLDB5

Storie di persone vere, obbedienza reale e realtà
https://shop.ingramspark.com/b/
084?params=bH3pzfz1zdCOLpbs7tZYJNYgGcYfU32VMz3J3a4e2Qt

Trasformazione in oltre 20 lingue

CONOSCERLA E CONOSCERLO:
40 giorni per la guarigione, la comprensione e l'amore duraturo

HTTPS://WWW.AMAZON.com/KNOWING-HER-HIM-Healing-Understanding-ebook/dp/B0FGC4V3D9[15]

https://shop.ingramspark.com/b/084?params=vC6KCLoI7Nnum24BVmBtSme9i6k59p3oynaZOY4B9Rd

COMPLETARE, NON COMPETERE:
Un viaggio di 40 giorni verso lo scopo, l'unità e la collaborazione

---

15. https://www.amazon.com/KNOWING-HER-HIM-Healing-Understanding-ebook/dp/B0FGC4V3D9

HTTPS://SHOP.INGRAMSPARK.com/b/ 084?params=5E4v1tHgeTqOOuEtfTYUzZDzLyXLee30cqYo0Ov9941[16] https://www.amazon.com/COMPLETE-NOT-COMPETE-Journey-Collaboration-ebook/dp/B0FGGL1XSQ/

CODICE DIVINO DELLA SALUTE - 40 Chiavi Quotidiane per Attivare la Guarigione Attraverso la Parola di Dio e la Creazione Sblocca il Potere Curativo delle Piante, della Preghiera e dell'Azione Profetica

---

16. https://shop.ingramspark.com/b/084?params=5E4v1tHgeTqOOuEtfTYUzZDzLyXLee30cqYo0Ov9941

https://shop.ingramspark.com/b/084?params=xkZMrYcEHnrJDhe1wuHHYixZDViiArCeJ6PbNMTbTux

https://www.amazon.com/dp/B0FHJT42TK

ALTRI LIBRI POSSONO essere trovati sulla pagina dell'autore
https://www.amazon.com/stores/Ambassador-Monday-O.-Ogbe/author/B07MSBPFNX

APPENDICE (1-6): RISORSE PER MANTENERE LA LIBERTÀ E UNA LIBERAZIONE PIÙ PROFONDA

APPENDICE 1: Preghiera per discernere la stregoneria nascosta, le pratiche occulte o gli altari strani nella chiesa

"*Figlio dell'uomo, vedi cosa fanno quelli nelle tenebre...?*" — Ezechiele 8:12
"*E non partecipate alle opere infruttuose delle tenebre, ma piuttosto condannatele.*" — Efesini 5:11

Preghiera per il discernimento e l'esposizione:

Signore Gesù, apri i miei occhi per vedere ciò che vedi Tu. Che ogni fuoco estraneo, ogni altare segreto, ogni operazione occulta nascosta dietro pulpiti, banchi o pratiche siano smascherati. Rimuovi i veli. Rivela l'idolatria mascherata da adorazione, la manipolazione mascherata da profezia e la perversione mascherata da grazia. Purifica la mia assemblea locale. Se faccio parte di una comunità compromessa, guidami in salvo. Innalza altari puri. Mani pure. Cuori santi. Nel nome di Gesù. Amen.

APPENDICE 2: Protocollo di rinuncia e purificazione dei media

"*Non porrò davanti ai miei occhi alcuna cosa malvagia...*" — Salmo 101:3

Passaggi per purificare la tua vita mediatica:

1. **Controlla** tutto: film, musica, giochi, libri, piattaforme.
2. **Chiediti:** questo glorifica Dio? Apre le porte all'oscurità (ad esempio, all'orrore, alla lussuria, alla stregoneria, alla violenza o ai temi New Age)?
3. **Rinunciare** :

"Rinuncio a ogni portale demoniaco aperto attraverso media empi. Scollego la mia anima da ogni legame spirituale con celebrità, creatori, personaggi e trame alimentate dal nemico."

1. **Elimina e distruggi** : rimuovi fisicamente e digitalmente i contenuti.
2. **Sostituisci** con alternative divine: adorazione, insegnamenti, testimonianze, film salutari.

APPENDICE 3: Massoneria, Kabbalah, Kundalini, Stregoneria, Testo di rinuncia occulta

"*Non partecipate alle opere infruttuose delle tenebre...*" — Efesini 5:11

Dire ad alta voce:

Nel nome di Gesù Cristo, rinuncio a ogni giuramento, rituale, simbolo e iniziazione in qualsiasi società segreta o ordine occulto, consapevolmente o inconsapevolmente. Rifiuto ogni legame con:

- **Massoneria** : tutti i gradi, i simboli, i giuramenti di sangue, le maledizioni e l'idolatria.
- **Kabbalah** : misticismo ebraico, letture dello Zohar, invocazioni dell'albero della vita o magia angelica.
- **Kundalini** : aperture del terzo occhio, risvegli yoga, fuoco del serpente e allineamenti dei chakra.
- **Stregoneria e New Age** : astrologia, tarocchi, cristalli, rituali lunari, viaggi dell'anima, reiki, magia bianca o nera.
- **Rosacroce , Illuminati, Skull & Bones, Giuramenti dei Gesuiti, Ordini dei Druidi, Satanismo, Spiritismo, Santeria, Voodoo, Wicca, Thelema, Gnosticismo, Misteri Egizi, Riti Babilonesi.**

Annullo ogni patto stipulato per mio conto. Taglio ogni legame nella mia linea di sangue, nei miei sogni o attraverso i legami dell'anima. Affido tutto il mio essere al Signore Gesù Cristo: spirito, anima e corpo. Che ogni portale demoniaco sia chiuso per sempre dal sangue dell'Agnello. Che il mio nome sia purificato da ogni registro oscuro. Amen.

APPENDICE 4: Guida all'attivazione dell'olio per l'unzione

"*C'è qualcuno tra voi afflitto? Preghi. C'è qualcuno tra voi malato? Chiami gli anziani... ungendolo con olio nel nome del Signore*". — Giacomo 5:13-14

Come usare l'olio dell'unzione per la liberazione e il dominio:

- **Fronte** : Rinnovare la mente.
- **Orecchie** : discernere la voce di Dio.
- **Ventre** : purifica la sede delle emozioni e dello spirito.
- **Piedi** : camminare verso il destino divino.
- **Porte/Finestre** : chiusura delle porte spirituali e purificazione delle case.

Dichiarazione durante l'unzione:

"Santifico questo spazio e questo vaso con l'olio dello Spirito Santo. Nessun demone ha accesso legale qui. Lascia che la gloria del Signore dimori in questo luogo".

APPENDICE 5: Rinuncia al terzo occhio e alla vista soprannaturale da fonti occulte

Dire ad alta voce:

Nel nome di Gesù Cristo, rinuncio a ogni apertura del mio terzo occhio, che sia attraverso traumi, yoga, viaggi astrali, sostanze psichedeliche o manipolazione spirituale. Ti chiedo, Signore, di chiudere tutti i portali illegali e di sigillarli con il sangue di Gesù. Rilascio ogni visione, intuizione o capacità soprannaturale che non provenga dallo Spirito Santo. Che ogni osservatore demoniaco, proiettore astrale o entità che mi monitora sia accecato e legato nel nome di Gesù. Scelgo la purezza sul potere, l'intimità sulla comprensione. Amen.

APPENDICE 6: Risorse video con testimonianze per la crescita spirituale

1) iniziare da 1,5 minuti - https://www.youtube.com/watch?v=CbFRdraValc

2) https://youtu.be/b6WBHAcwN0k?si=ZUPHzhDVnn1PPIEG

3) https://youtu.be/XvcqdbEIO1M?si=GBlXg-cO-7f09cR[1]

4) https://youtu.be/jSm4r5oEKjE?si=1Z0CPgA33S0Mfvyt

5) https://youtu.be/B2VYQ2-5CQ8?si=9MPNQuA2f2rNtNMH

6) https://youtu.be/MxY2gJzYO-U?si=tr6EMQ6kcKyjkYRs

7) https://youtu.be/ZW0dJAsfJD8?si=Dz0b44I53W_Fz73A

8) https://youtu.be/q6_xMzsj_WA?si=ZTotYKo6Xax9nCWK

9) https://youtu.be/c2ioRBNriG8?si=JDwXwxhe3jZlej1U

10) https://youtu.be/8PqGMMtbAyo?si=UqK_S_hiyJ7rEGz1

11) https://youtu.be/rJXu4RkqvHQ?si=yaRAA_6KIxjm0eOX

12) https://youtu.be/nS_Insp7i_Y?si=ASKLVs6iYdZToLKH

13) https://youtu.be/-EU83j_eXac?si=-jG4StQOw7S0aNaL

14) https://youtu.be/_r4Jyzs2EDk?si=tldAtKOB_3-J_j_C

15) https://youtu.be/KiiUPLaV7xQ?si=I4x7aVmbgbrtXF_S

16) https://youtu.be/68m037cPEu0?si=XpuyyEzGfK1qWYRt

17) https://youtu.be/z4zlp9_aRQg?si=DR3lDYTt632E96a6

18) https://youtube.com/shorts/H_90n-QZU5Q?si=uLPScVXm81DqU6ds

---

1. https://youtu.be/XvcqdbEIO1M?si=GBlXg-c-O-7f09cR

AVVERTENZA FINALE: Non puoi giocare con questo

La liberazione non è intrattenimento. È guerra.
La rinuncia senza pentimento è solo rumore. La curiosità non è la stessa cosa della chiamata. Ci sono cose da cui non ci si riprende con leggerezza.
Quindi calcola il costo. Cammina nella purezza. Sorveglia le tue porte.
Perché i demoni non rispettano il rumore, solo l'autorità.

www.ingramcontent.com/pod-product-compliance
Lightning Source LLC
Chambersburg PA
CBHW050339010526
44119CB00049B/620